MANDALAS

MEDITATION UND INSPIRATION

MANDALAS

MEDITATION UND INSPIRATION

DAVID FONTANA

AUS DEM ENGLISCHEN
VON MARION ZERBST

KAILASH

Die Originalausgabe erschien bei Duncan Baird Publishers Ltd.
unter dem Titel *Meditating with Mandalas*

Bibliografische Information der Deutschen Bibliothek

Die Deutsche Bibliothek verzeichnet diese Publikation
in der Deutschen Nationalbibliografie; detaillierte bibliografische Daten
sind im Internet unter http://dnb.ddb.de abrufbar.

Produktion: Duncan Baird Publishers Ltd., London
Satz: EDV-Fotosatz Huber/Verlagsservice G. Pfeifer, Germering
Druck und Bindung: Imago, Singapur
Printed in Singapore

ISBN 3-7205-2682-8

“Mandalas sind symbolische Bilder, die man bei der Meditation verwendet. Sie spielen in den meisten östlichen Traditionen eine wichtige Rolle und entführen uns auf eine stille Entdeckungsreise in die tiefsten Geheimnisse unserer Seele.

Das einfachste Mandala ist der Kreis, ein faszinierendes Symbol ohne Anfang und Ende... Der Kreis ist das ruhelose Zentrum unserer sich ständig drehenden Welt. Dieser magische Zirkel umgrenzt einen heiligen Raum, in dem wir zu Gelassenheit und innerem Frieden finden können.

Der Kreis ist aber auch das Rad des Lebens, das Symbol höchster Vollkommenheit, der Tunnel zwischen dieser Welt und der nächsten – ein Symbol der Ewigkeit.”

INHALT

Einführung

MANDALAS SIND SYMBOLISCHE BILDER, DIE MAN BEI DER MEDITATION VERWENDET. SIE SPIELEN IN DEN MEISTEN ÖSTLICHEN TRADITIONEN EINE WICHTIGE ROLLE UND ENTFÜHREN UNS AUF EINE STILLE ENTDECKUNGSREISE IN DIE TIEFSTEN GEHEIMNISSE UNSERER SEELE

Wahrscheinlich sind Mandalas so alt wie die Menschheit selbst. In einfacher Form begegnen sie uns bereits in den frühesten künstlerischen Äußerungen der Menschheit und im Gekritzel kleiner Kinder. Sie bringen in symbolischer Form etwas zum Ausdruck, was uns angeboren ist. Wie alle echten Symbole entspringen sie tiefen Ebenen unseres Unbewussten und sind ein Schlüssel zu den Geheimnissen unserer Seele.

Das einfachste Mandala ist der Kreis. Bei diesem symmetrischen Symbol ohne Anfang und Ende hat jeder Punkt auf der Kreislinie genau die gleiche Entfernung vom Mittelpunkt – dem ruhenden Zentrum unserer sich ständig drehenden Welt. Dieser magische Zirkel umgrenzt einen heiligen Raum, in dem wir zu Gelassenheit und innerem Frieden finden können. Der Kreis ist

Der Kreis des Mandalas ist ein Symbol für alles, was existiert: die Licht spendende Sonne und den Vollmond, der uns dunkle Geheimnisse enthüllt.

das Rad des Lebens, das Symbol höchster Vollkommenheit, der Tunnel zwischen dieser Welt und der nächsten – ein Symbol der Ewigkeit.

Gleichzeitig ist er die Form, die allen anderen Mandalas zugrunde liegt. (Das Wort »Mandala« kommt aus dem Sanskrit und bedeutet »Scheibe«.) Zwar kann der Kreis auch andere Formen, beispielsweise Quadrate oder Dreiecke, umschließen oder selbst von solchen Formen umgeben sein. Dennoch bleibt er das Grundelement aller Mandalas. Sobald man die Kreislinie gezogen hat, kann man andere Symbole hinzufügen. Diese komplexeren Mandalas spielen in der Kunst vieler spiritueller Traditionen, vor allem im Hinduismus und Buddhismus, eine wichtige Rolle. In ihrer vollendetsten Form sind sie symbolische Darstellungen des Universums: Entweder stellen sie die göttlichen Wesen dar, die die kosmischen Kräfte hinter unserer Existenz verkörpern, oder sie zeigen diese Kräfte in abstrakterer, geometrischer Form. Solche rein geometrischen Mandalas werden manchmal auch als Yantras bezeichnet.

In vielen spirituellen Traditionen dient das Mandala als Meditationshilfe. Dank seinem symbolischen Charakter hilft es uns nicht nur, uns zu konzentrieren und innerlich zur Ruhe zu kommen, sondern erschließt uns immer tiefere Ebenen unseres Unbewussten und führt uns schließlich zu einer mystischen Verschmelzung mit jener höchsten Einheit, aus der das Universum in seiner Formenvielfalt entspringt.

EINE URALTE TRADITION

Doch nicht nur in den östlichen Religionen, sondern auch in der westlichen religiösen Überlieferung spielen Mandalas eine wichtige Rolle. Eines der bekanntesten christlichen Beispiele dafür ist das Keltenkreuz, bei dem der Mittelpunkt des Kreises gleichzeitig Zentrum des Kreuzes ist. Die Kreuzbalken reichen über die Kreislinie hinaus und symbolisieren unter anderem die vier Dimensionen, die menschliche Gestalt und die Verbindung zwischen Himmel und Erde (siehe Seite 54). Dieses Symbol ist wahrscheinlich noch älter als das Christentum. Manchmal passt das Kreuz genau in den Kreis hinein; manchmal ist es aber auch kleiner und hat die Form einer Rose, so wie im Symbol der Rosenkreuzer (Seite 118). Anklänge an Mandalas finden sich auch im Heiligenschein Jesu und der Heiligen in der christlichen Kunst.

In der religiösen Kunst des Islam, der die Darstellung von Allah und Mohammed verbietet, herrschen geometrische Formen vor: Ein Kreissegment (der Halbmond) und ein kompletter Kreis in Form eines Sterns stehen für das Göttliche; die Halbkreisform der Kuppel symbolisiert das Himmelsgewölbe. So wird die ganze Moschee zu einem Mandala, mit dessen Hilfe der Gläubige seine Gedanken auf Allah konzentriert.

Im Hinduismus, Buddhismus und Jainismus, den drei großen indischen Religionen, ist das Mandala ein wichtiges Element der religiösen Kunst und steht im Mittelpunkt zahlreicher Meditationspraktiken. Als Grundriss vieler hinduistischer Tempel symbolisiert es das Universum; die Türen oder Tore weisen in die vier Himmelsrichtungen. Manchmal werden diese vier Punkte auch in verschiedenen Farben dargestellt – Gelb für Norden, Rot für Osten, Schwarz für Süden und Weiß für Westen. Das Zentrum, aus dem die vier Himmelsrichtungen entspringen und in dem sie auch alle wieder zusammenlaufen, ist grün – die Farbe der Schöpfung. Für Jainisten, Hindus und Buddhisten ist der Lotos nicht nur deshalb eine heilige Pflanze, weil seine Blüte sich über das Dunkel des schlammigen Wassers erhebt, sondern auch, weil seine symmetrisch angeordneten Blütenblätter ein vollkommenes Mandala bilden. In der tibetischen Tradition des Buddhismus spielt das Mandala eine besonders wichtige Rolle. In seinen kunstvolleren Formen stellt es eine mystische Reise dar, die den Meditierenden von der Unwissenheit zur Erleuchtung führt. In der westlichen Kultur wird diese symbolische Reise von der äußeren Dunkelheit zur heiligen Mitte des Geistes, wo die individuelle Seele dem Göttlichen begegnet, durch den runden Irrgarten dargestellt, wie man ihn beispielsweise als Bodenmosaik der Kathedrale in Chartres in Nordfrankreich findet.

Dieses tibetische Mandala zeigt Vasudhara, die Göttin des Überflusses und Gefährtin des kosmischen Buddhas Vajasattva, umgeben von sitzenden buddhistischen Heiligen.

MANDALAS ALS MEDITATIONSHILFE

Wir meditieren, um innerlich zur Ruhe zu kommen. Normalerweise ist unser Denken so sehr von äußeren Ereignissen oder unserem inneren Dialog beherrscht, dass wir kaum eine Chance haben, jenen ruhigen, friedlichen Zustand zu erleben, der unser wahres Wesen ist. Die meisten Menschen schaffen es nicht, auch nur eine Minute lang an gar nichts zu denken. Wir werden ständig von den verschiedensten Empfindungen, Gedanken, Erinnerungen und Gefühlen und natürlich auch von den Anforderungen unserer Außenwelt abgelenkt und haben kaum Kontrolle über unser Denken. Daher verbringen wir den größten Teil unseres Lebens in einem Zustand innerer Anspannung; und wenn wir innerlich angespannt sind, verspannt sich auch unser Körper. Geist und Körper sind eng miteinander verbunden: Viele physische Beschwerden und Erkrankungen sind eine direkte oder indirekte Folge dessen, was sich in unserem Kopf abspielt.

Durch Meditation können wir lernen, uns nur auf einen einzigen Reiz zu konzentrieren und alle Ablenkungen auszublenden. Dieser Reiz kann beispielsweise unsere Atmung, ein Mantra (eine heilige Silbe oder Silbenfolge) oder auch ein Mandala sein. Wenn wir auf unsere Atmung meditieren, richten wir unser Bewusstsein ganz einfach auf das Gefühl, das wir beim Ein- und Ausatmen in den Nasenflügeln haben. Wenn wir ein Mantra als Meditations-

Was bringt uns die Meditation?

Meditation ist ein Weg zur Selbsterkenntnis. Wir mögen glauben, uns selbst zu kennen; doch tatsächlich leben wir hauptsächlich in der Welt unseres bewussten Verstandes. Die Tiefen unseres Unbewussten und die spirituellen Dimensionen unseres Seins bleiben uns verborgen. Durch Meditation können wir die endlose Gedankenkette zum Stillstand bringen, die unser Bewusstsein beherrscht, und uns für die tieferen Geheimnisse unserer Seele öffnen.

Die ungeheure geistige Kraft, die wir dadurch gewinnen, zeigt sich auch in unserem täglichen Leben. Meditation steigert unsere Konzentrationsfähigkeit, verbessert unser Gedächtnis und hilft uns, die Welt mit bewussteren Augen zu sehen. Außerdem können wir uns dadurch auch besser entspannen und die Auswirkungen von Stress auf unseren Körper lindern. Bei manchen Menschen senkt Meditation sogar den Blutdruck, hilft bei der Schmerzbewältigung und fördert einen ruhigen, erholsamen Schlaf. Sie kann auch die Stimmung heben und unser äußeres Erscheinungsbild verbessern, indem sie Geist und Körper entspannt.

hilfe benutzen, wiederholen wir es in Gedanken immer wieder. Bei der Mandala-Meditation betrachten wir dieses aufmerksam; und immer, wenn unsere Gedanken abschweifen, führen wir sie sanft, aber bestimmt wieder auf diesen Konzentrationspunkt zurück. Wir zwingen uns nicht, an nichts zu denken. Denn Gedanken werden unweigerlich immer wieder in uns aufsteigen, vor allem, wenn wir das Meditieren gerade erst lernen oder einen stressigen Tag hinter uns haben. Die Gedanken sind da, aber wir nehmen keine Notiz von ihnen, räumen ihnen keine Kontrolle über unser Bewusstsein ein.

Da der Gesichtssinn für die menschliche Erlebniswelt so eine wichtige Rolle spielt, hat sich das Mandala als besonders hilfreicher Konzentrationspunkt für die Meditation erwiesen. Darauf können wir uns leichter konzentrieren als auf nicht-visuelle Reize. Außerdem führt der Symbolgehalt eines echten Mandalas uns automatisch in die innere Welt der Meditation hinein.

RATSCHLÄGE FÜR ANFÄNGER

Beginnen Sie mit einfachen Mandalas, so wie sie in diesem Buch dargestellt sind – auch wenn Sie bereits Meditationserfahrung haben. Auf die kunstvollen Mandalas des tibetischen Buddhismus kann und soll man nur unter fachkundiger Anleitung eines Lamas meditieren, der sich mit solchen spirituellen Praktiken auskennt. Wenn Sie als Unkundiger mit solchen Mandalas arbeiten, wird Ihnen das nicht viel bringen: Sie werden sich nur allzu leicht von der Eindringlichkeit der Bilder, den leuchtenden Farben und den vielen Fragen ablenken lassen, die bei der Betrachtung in Ihnen aufsteigen. Wie ein geheimer Code, zu dem Sie keinen Schlüssel haben, wird das Mandala Ihnen seine Geheimnisse nicht offenbaren. Deshalb ist es besser, zunächst einmal auf einfachere Bilder, wie beispielsweise auf geometrische Formen, zu meditieren.

Geometrischen Formen wohnt eine archetypische Kraft inne. Sie sind Bestandteil unserer Psyche – geistige Darstellungen der Erscheinungen der Natur.

Die Mysterienschulen im antiken Griechenland, vor allem die Schule des Pythagoras, widmeten sich daher intensiv dem Studium der Geometrie. Viele alte heilige Stätten, etwa die Pyramiden in Ägypten und Südamerika oder die Steinkreise in Westeuropa, wie zum Beispiel Stonehenge, entsprechen einer »heiligen Geometrie« – jenen Mustern, nach denen nach dem Glauben dieser alten Kulturen Himmel, Erde und Universum erschaffen wurden.

Wenn Sie zunächst einmal auf ein geometrisches Mandala wie das Keltenkreuz meditieren, werden ganz von selbst symbolische Bedeutungen dieses Bildes in Ihnen aufsteigen. Lassen Sie das einfach geschehen, ohne es zu erzwingen. Registrieren Sie diese Sinngebungen, die aus einer tiefen Schicht Ihres Unbewussten aufzusteigen scheinen, ohne sie zu bewerten. Grübeln Sie nicht über die Deutungen, das können Sie nach der Meditation tun, und versuchen Sie auch nicht, sich diese einzuprägen.

WIE MAN MIT DIESEM BUCH ARBEITET

Widerstehen Sie der Versuchung, dieses Buch rasch durchzublättern und sich die Mandalas einfach nur anzusehen, ohne sie intensiv auf sich wirken zu lassen. Das heißt nicht, dass Sie immer erst mit jedem Mandala arbeiten müssen, ehe Sie zum nächsten übergehen. Aber Mandalas sind nicht einfach nur hübsche Bilder, sondern viel mehr. Jedes Mandala hat ein symbolisches Eigenleben, und man braucht Zeit, um es kennen zu lernen, genau wie einen neuen Freund.

Dieses Buch enthält insgesamt 52 Mandalas, sodass Sie ein Jahr lang jede Woche mit einem neuen Mandala arbeiten können, wenn Sie möchten. Aber die Mandalas in diesem Buch sind nicht nach einem allmählich ansteigenden Schwierigkeitsgrad angeordnet. Jedes Mandala ist etwas in sich Abgeschlossenes, Vollkommenes. Manche basieren auf traditionellen tibetischen Mandalas, andere sind von der Natur inspiriert, wieder andere von Symbolen verschiedener Kulturen. Sie können die Mandalas nach ihrem rein optischen Eindruck auswählen und einfach auf das Bild meditieren, das Sie gerade am meisten anspricht. Sie können sich dabei aber auch am Symbolgehalt der Mandalas orientieren: Die Meditationsanleitungen sind der ideale Zugang für all diejenigen, die sich nicht ohne Interpretationshilfe mit den Mandalas beschäftigen möchten.

KÖRPER UND GEIST ZUR RUHE BRINGEN

Die Grundlage der Meditation ist Stille. Üblicherweise sitzt man dabei auf einem Kissen oder Stuhl und versucht, Körper und Geist zur Ruhe zu bringen. Alle Bewegungen, abgesehen vom sanften Heben und Senken der Brust bei der Atmung, stören den Meditationsfluss. Das bedeutet natürlich nicht, dass

Mandala-Meditation - Schritt für Schritt erklärt

Meditation ist etwas verblüffend Einfaches und zugleich sehr Schwieriges: einfach, weil sich die Grundprinzipien leicht erlernen lassen - schwierig, weil unser Geist sich hartnäckig weigert, sich an diese Prinzipien zu halten. Der Schlüssel zum Erfolg lautet Geduld und Übung. Meditation lernt man nicht in ein paar Tagen. Doch wenn Sie Geduld mit sich haben und regelmäßig üben, werden Sie Fortschritte machen.

1. Suchen Sie sich einen ruhigen Raum, wo Sie ungestört sind. Setzen Sie sich im Schneidersitz auf ein nicht zu weiches Kissen oder sitzen Sie auf einem Stuhl mit gerader Lehne und stellen Sie die Füße flach auf den Boden - je nachdem, was für Sie am bequemsten ist.
2. Stellen Sie Ihr Mandala in Augenhöhe etwa eine Armeslänge von sich entfernt auf. Beginnen Sie mit einem einfachen Mandala wie dem Keltenkreuz. Falls Sie ein Mandala verwenden, das nicht aus diesem Buch stammt, sollte es mindestens so groß sein wie eine Buchseite. Setzen Sie sich gerade hin und legen Sie die Hände in den Schoß; Ihre Finger sind ineinander verschlungen, die Handflächen zeigen nach oben.
3. Nun richten Sie Ihren Blick auf das Mandala und entspannen dabei Ihre Augenmuskulatur. Sie können Ihre Augen ruhig auf »Fernsicht« stellen, sodass Sie das Mandala doppelt sehen. Das ist immer noch besser, als Ihre Augen anzustrengen. Zwinkern Sie nicht öfter als nötig. Konzentrieren Sie sich auf das Bild. Lassen Sie sich nicht von den Gedanken ablenken, die in Ihnen aufsteigen. Falls Ihre Aufmerksamkeit abschweift, lenken Sie sie wieder auf das Mandala zurück. Aber versuchen Sie nicht über das Mandala nachzudenken. Betrachten Sie es einfach nur ruhig.

Meditieren Sie anfangs jeden Tag nur fünf Minuten. Falls Sie sich vor Ablauf dieser fünf Minuten schon durch die ungewohnte visuelle Erfahrung irritiert fühlen, sollten Sie die Meditation beenden. Meditieren Sie niemals länger, als es für Sie angenehm ist. Sobald Sie sich an diese Art der Meditation gewöhnt haben, können Sie Ihre Meditationssitzungen allmählich immer länger ausdehnen, bis sie schließlich 20 oder 30 Minuten dauern. Aber übereilen Sie nichts - setzen Sie sich nicht unter Druck.

Sie als Anfänger bereits stundenlang regungslos wie eine Statue dasitzen müssen. Für den Anfang reichen vielleicht schon fünf Minuten. Doch in diesen fünf Minuten sollten Sie tatsächlich versuchen, möglichst stillzusitzen. Dabei werden Sie rasch merken, dass Ihr Körper das Bedürfnis hat, sich zu bewegen. Ihr Körper ist daran gewöhnt, Sie unter Kontrolle zu haben, und nicht umgekehrt; deshalb wird er versuchen, Sie abzulenken. Sie werden den Impuls verspüren, sich anders hinzusetzen, sich zu kratzen, vornüberzusacken oder eine bequemere Position einzunehmen. Widerstehen Sie diesen Ablenkungen – aber nicht gewaltsam: Wenden Sie Ihre Aufmerksamkeit wieder sanft davon ab. Die Ablenkungen sind da, aber sie sind unwichtig.

Achten Sie auch auf Ihre Augenbewegungen. Wenn wir ein Bild betrachten, lassen wir unseren Blick normalerweise von einem interessanten Punkt zum nächsten wandern. Rätselhafte Bilder betrachten wir besonders genau, um eine Erklärung dafür zu finden. Aber man kann nicht meditieren, wenn man seine Blicke ruhelos hin und her schweifen lässt. Also nehmen Sie ruhig erst einmal das ganze Bild in sich auf; doch dann lassen Sie Ihre Augen auf einem Punkt ruhen. Erfahrungsgemäß liegt dieser Punkt etwas oberhalb der Mitte, jedoch gibt es keine feste Regel dafür. Strengen Sie Ihre Augen nicht an. Sie können sie ruhig auf »Fernsicht« stellen, sodass das Mandala vor Ihrem Blick verschwimmt. Zwinkern Sie, wenn Sie das Bedürfnis danach haben,

Die Stille erfahren

Wir leben in einer Welt, in der unser Bedürfnis nach neuen Reizen immer sofort befriedigt wird. Achten Sie einmal darauf, wie blitzschnell die Bilder über den Fernsehbildschirm flimmern – als sei unsere Aufmerksamkeitsspanne so kurz, dass wir uns nur ein paar Sekunden lang auf etwas konzentrieren können. Ein Mandala ist genau das Gegenteil dieses flimmernden Bildschirms: Die Mandala-Meditation verlangsamt unsere Geschwindigkeit. Das rasende Tempo unseres Lebens kommt zum Stillstand; wir konzentrieren uns auf ein regungsloses Zentrum. In den ersten paar Sitzungen wird das Neue an dieser ungewöhnlichen Meditationspraxis vielleicht Ihre Aufmerksamkeit fesseln; doch dann wird Ihr ruheloser Geist wieder nach neuen Reizen suchen. Lassen Sie sich dadurch nicht beirren. Kehren Sie immer wieder zu Ihrer Mandala-Meditation zurück. Denken Sie daran, dass Ihre innere Unruhe lediglich ein Resultat unseres hektischen modernen Lebens ist. Der Sinn der Meditation besteht darin, uns von dieser Ruhelosigkeit zu befreien und die Stille zu erleben, die unserem wahren Wesen entspricht.

aber nicht öfter als unbedingt nötig. Registrieren Sie, wie Ihre Augen versuchen, diesen Konzentrationspunkt wieder zu verlassen und ihre ruhelose Wanderung über das Bild fortzusetzen – und leisten Sie diesem Versuch sanft Widerstand.

Genau wie Ihr Körper ist auch Ihr Geist es gewohnt, Kontrolle über Sie auszuüben. Sie werden bald merken, wie Gedanken in Ihnen aufsteigen und versuchen, Ihre Konzentration zu stören: Sie werden über Ihr tägliches Leben, berufliche Sorgen oder Beziehungsprobleme, über den letzten Sommerurlaub oder das nächste Weihnachtsfest nachdenken – oder darüber, warum

Sie überhaupt meditieren. Lenken Sie Ihre Aufmerksamkeit sanft wieder von diesen Gedanken fort. Sie können sie nicht unterdrücken, aber Sie können verhindern, dass sie Ihr Bewusstsein beherrschen. Entspannen Sie sich einfach in der Stille.

Lösen Sie sich auch von allen Emotionen. Ärger über eine Auseinandersetzung mit einem Kollegen, Angst vor einer Herausforderung, sexuelle Wünsche, Glücksgefühle beim Gedanken an eine neue Beziehung oder Vorfreude auf ein künftiges Ereignis – solche Gefühle können in Ihnen aufsteigen, ohne dass Sie es überhaupt merken, und versuchen, Sie vom Meditieren abzulenken. Also machen Sie sich diese Gefühle bewusst und lassen Sie sie dann los.

Um sich nicht von Ihrem Körper, Ihren Gedanken und Emotionen ablenken zu lassen, müssen Sie Ihre Aufmerksamkeit immer wieder auf das Mandala zurücklenken. Der Gesichtssinn ist einer unserer stärksten Sinne. Wenn wir unseren Blick konstant auf ein Bild richten, können wir Körper, Geist und Emotionen zur Ruhe bringen.

DIE KUNST DES SEHENS

Wir werden mit dem Wunsch geboren, einen Sinn in der Welt und unseren Erlebnissen zu entdecken. Deshalb stellen wir als Kind so viele Fragen: »Wozu ist das da?«, »Was bedeutet das?«, »Wie funktioniert das?«. Und unsere

Erziehung bestärkt uns noch in dieser Suche nach Sinn. Bereits in der Kindheit bringt man uns bei, nach Antworten zu suchen, als ob sich alles in Worte fassen ließe.

Doch gleichzeitig besitzen wir auch von Geburt an die Fähigkeit, die Dinge einfach so zu nehmen, wie sie sind, ohne sie zu hinterfragen oder in irgendwelche Schubladen einzuordnen. Ein Kind kann ein Gemälde betrachten und dabei einfach nur die Muster oder Farben genießen. Doch mit der Zeit wird unser Bedürfnis nach Sinn immer stärker; uns wird systematisch abgewöhnt, Dinge einfach nur so zu akzeptieren, wie sie sind. Das ist einer der Gründe, warum die Wissenschaft für die Menschen einen höheren Stellenwert einnimmt als die Kunst: Wissenschaft ist etwas Seriöses und erfüllt einen praktischen Zweck, so redet man uns ein, während die Kunst bestenfalls eine Ablenkung und schlimmstenfalls frivole Zeitverschwendung ist.

Deshalb suchen wir beim Anblick eines Bildes – selbst wenn es ein modernes abstraktes Kunstwerk ist – sofort nach seiner Bedeutung, als sei diese Bedeutung etwas von dem Bild Getrenntes. Und wenn wir ein Mandala betrachten, machen wir es genauso: Wir möchten wissen, was es uns sagen will, was für einen Sinn es hat. Doch wenn Sie das Geheimnis eines Mandalas zu ergründen versuchen, indem Sie es hinterfragen, entfernen Sie sich innerlich davon. Betrachten Sie das Mandala lieber so, wie ein kleines Kind es tun würde: Lassen Sie sich von seinen Formen und Farben in den Bann ziehen, aber verlieren Sie sich nicht in Spekulationen über seine Bedeutung.

Sobald Sie mit der Mandala-Meditation beginnen, werden Sie automatisch versuchen, alles, was Sie dabei sehen, in Kategorien einzuordnen. Ihr Denken wird Ihnen die Namen der Formen und Farben einflüstern; Ihnen werden Ähnlichkeiten zwischen diesem und anderen Mandalas auffallen; bestimmte Formen oder Farben werden Ihnen besser gefallen als andere. Registrieren Sie diese Denkprozesse, aber lassen Sie sich nicht von ihnen ablenken. Das ist die erste wichtige Lektion, die ein Mandala Sie lehren kann: dass wir die Kunst des reinen, absichtslosen Sehens verlernt haben. Wir sind so mit Worten, Ideen und Kategorien beschäftigt, dass wir die Dinge nicht mehr einfach so sehen können, wie sie sind. Also führen Sie Ihren Geist sanft wieder zur Kunst der reinen Betrachtung zurück. Versuchen Sie sich ganz auf das visuelle Erlebnis der Mandala-Meditation einzulassen. Das Mandala wird sich Ihnen ohne Worte mitteilen. Und da Bilder und Symbole in der Geschichte unserer Evolution älter sind als Sprache, wird es auf einer tiefen, elementaren Ebene des Unbewussten mit Ihnen kommunizieren. Bei der Botschaft der Mandalas geht es nicht um Wissen, sondern um das Sein. Also versuchen Sie nicht zu beurteilen, ob Ihnen ein Mandala gefällt oder nicht. Es *ist* einfach, genau wie Sie selbst einfach *sind*.

DIE WIRKUNG VON MANDALAS

Mandalas sind keine künstlerischen Gebilde, die einfach nur schön bunt sein und hübsch aussehen sollen. Viele erfolgreiche Künstler sind offen für die schöpferischen Impulse, die aus den Tiefen ihres Unbewussten in ihnen aufsteigen. Ein Künstler bringt das zum Ausdruck, was er in seinem Innersten empfängt, und nicht das, was er in einem bewussten Denkprozess zusammenfügt. Die griechischen Bildhauer der Antike orientierten sich an der Idee, dass in einem Steinblock bereits die perfekte Form verborgen liegt. Ihre Aufgabe bestand nur darin, diese freizulegen. Wenn ihr eigenes Ich, ihre eigenen Ideen sich in diesen Prozess einmischten, dann war die fertige Skulptur nur Menschenwerk und nicht das Werk der göttlichen Musen. Ebenso muss auch der moderne Künstler einem inneren Impuls die Regie überlassen, der sich schließlich durch ihn ausdrückt.

In diese Mandalas ist etwas von diesem künstlerischen Geist eingefangen. Sie sind ein Ausdruck tiefer Bewusstseinsebenen, die alle Menschen miteinander teilen. Wenn wir Mandalas betrachten, finden wir Zugang zu diesen Bewusstseinsebenen in unserem eigenen Inneren. Aber erwarten Sie nicht zu viel von einem Mandala. Es kann Ihnen die Meditationsarbeit nicht abnehmen, sondern Ihnen nur einen Anreiz bieten – eine Art Straßenkarte, die Sie zu einer tieferen Verständnisebene hinführt, wenn Sie sie richtig lesen.

Wenn man die Sache so betrachtet, sind Mandalas etwas Statisches und Dynamisches zugleich: statisch, weil sie für die Stille stehen, und dynamisch, weil diese Stille das Konzept der Bewegung in sich schließt – Bewegung von einem Element des Mandalas zum nächsten und Bewegung in der inneren Welt des Meditierenden. Bewegung von physischer Anspannung zur Entspannung, vom tagtäglichen Chaos unserer Gedanken zu jener inneren Ruhe, die unsere wahre Natur ist; Bewegung von unserem gewohnten oberflächlichen Bewusstseinszustand zu etwas Tieferem, Weisem – Bewegung von der Peripherie zum Herzen, zum Zentrum des Kreises.

Wir müssen unseren analytischen Verstand, der unser Leben im Wachzustand beherrscht, davon abhalten, sich zwischen uns und das visuelle Erlebnis des Mandalas zu schieben. Sitzen Sie einfach in meditativer Haltung da, das Mandala vor sich, und nehmen Sie es in Ihr Blickfeld, Ihr Bewusstsein auf. Letzten Endes gibt es keinen Unterschied zwischen Ihnen und dem Mandala. Es befindet sich außerhalb Ihrer selbst und doch gleichzeitig tief in Ihrem Inneren.

Deshalb ist es so wichtig, sich dem Mandala ohne feste Vorstellung von seiner Bedeutung zu nähern. Wie jedes visuelle Kunstwerk bedeutet ein Mandala das, was es ist, und nicht das, was wir in Worte fassen können. Denn wenn das Mandala in Worten zu uns sprechen wollte, würde es in schriftlicher Form

Mit dem Mandala eins werden

Manche Mandalas bestehen nicht nur aus Farben und Formen, sondern beinhalten auch Darstellungen von Gottheiten, zum Beispiel von den verschiedenen himmlischen Buddhas. Sie gelten als Verkörperung der Energien, die die Schöpfung am Leben erhalten, und existieren auch in unserem eigenen Bewusstsein. Letzten Endes gibt es für einen Buddhisten keinen Unterschied zwischen diesen Energien und uns selbst, denn wir alle sind Aspekte jener Einheit, aus der die Welt der Erscheinungen entspringt.

In der Meditation versuchen wir diese Wahrheit zu erfahren, indem wir das Mandala in uns aufnehmen – dieser Prozess wird manchmal als »Erweckung des Mandalas in unserem eigenen Inneren« bezeichnet. Auf diese Weise mit dem Mandala eins zu werden, ist eine Meditationspraktik für Fortgeschrittene, die nur unter Anleitung eines erfahrenen Lehrers möglich ist. Doch selbst der Unerfahrene kann sich beim Meditieren im Lauf der Zeit immer stärker mit seinem Mandala identifizieren, als bringe es eine tiefe Wahrheit über sein eigenes Ich zum Ausdruck.

vorliegen. Bilder und Symbole kommunizieren mit einem Raum in unserem Inneren, der tiefer liegt als Worte, der ursprünglicher und elementarer ist – näher an jener schöpferischen Essenz, aus der alles entspringt.

WAS MANDALAS UNS OFFENBAREN

Wir können das Mandala als weisen Freund betrachten, der uns besser kennt als wir uns selbst. Einen weisen Freund unterbricht man nicht, und man weist seine Botschaften und Ratschläge auch nicht zurück. Genau um diese Haltung sollten Sie sich auch bemühen, wenn Sie vor Ihrem Mandala sitzen. Denn das Mandala wird Ihnen bei der Meditation nur dann eine Hilfe sein, wenn Sie es zulassen.

Ein großer Zen-Meister hat seinem Schüler einmal erklärt, dass dieser keine Fortschritte machen könne, weil er einen »zu starken Willen« habe. Dieser Schüler glaubte, nur dann Zugang zu der Lebenskraft in seinem Inneren bekommen zu können, wenn er selbst etwas dazu beitrug. Dieses Gefühl, »etwas tun zu müssen«, ist typisch für unser westliches Denken und wird uns schon durch unsere Erziehung vermittelt: Wir müssen etwas für uns tun; wir müssen lernen, um uns weiterzuentwickeln, und die Fortschritte, die wir dabei machen, ständig messen und bewerten. Diese Einstellung ist bei der Meditation ein großes Hindernis.

Beim Meditieren öffnen wir unser Innerstes und bringen etwas hervor, von dem wir zuvor gar nicht wussten, dass wir es besitzen. »Sei still und wisse, dass ich Gott bin«, heißt es in der Bibel. Gott, das Himmelreich, die Lebenskraft, der Heilige Geist – oder wie auch immer man es nennen will – wohnt bereits in uns, sonst würden wir gar nicht existieren. Bei der Meditation fallen die vielen verschiedenen Prägungen, die wir im Lauf unseres Lebens erfahren haben, von uns ab, sodass das schöpferische Wesen, der wahre Ausdruck unseres Ichs, zum Vorschein kommen kann.

Also betrachten Sie Ihr Mandala einfach und warten Sie ab, welche Eindrücke dabei in Ihnen aufsteigen. Doch wenn diese Empfindungen Sie verstören oder beunruhigen, sollten Sie die Meditation beenden, denn dann ist dieses Mandala vielleicht noch nicht das richtige für Sie. Vielleicht führt es Sie zu schnell und zu tief in Ihr eigenes Inneres, oder es passt nicht zu Ihrem Naturell. Sensible Menschen empfinden ein Mandala, das sie zu sehr herausfordert oder zu abrupt in eine andere Welt entführt, manchmal als irritierend. Abenteuerlustige Geister wiederum werden manche Mandalas vielleicht zu nichtssagend oder langweilig finden. Hier kann ein guter Meditationslehrer Ihnen helfen: Er wird die Mandalas für Sie auswählen, die Ihrem Temperament entsprechen. Falls Sie ohne Lehrer arbeiten, ist das eine gute Chance für Sie, sich selbst besser kennen zu lernen. Achten Sie einmal darauf, zu welchen Mandalas Sie sich am meisten hingezogen fühlen. Sind Sie ein Mensch, der Ruhe und Sanftheit bevorzugt, oder ein Abenteuergeist, der Herausforderungen, Auseinandersetzungen und Veränderungen liebt? Akzeptieren Sie sich so, wie Sie sind. Versuchen Sie sich nicht in eine Schublade zu zwängen, in die Sie nicht hineinpassen. Es wird immer wieder neue Mandalas geben, mit welchen Sie arbeiten können. Wenn Sie sich erst einmal an diese Art der Meditation gewöhnt haben, werden Sie vielleicht überall um sich herum Mandalas entdecken und in den Mandalas wiederum Elemente Ihrer Umwelt erkennen.

ERSCHEINUNGSFORMEN DER NATUR

Das Mandala ist Abbild einer Wahrheit, die uns umgibt und gleichzeitig tief in unserem eigenen Inneren wohnt. Und so ist die Natur, die schöpferische Lebenskraft, selbst die Quintessenz aller Mandalas – ein Mandala, das sich uns in jeder Sekunde unseres Lebens offenbart, wenn wir uns nur Zeit nehmen, es zu sehen. Die Natur ist voller harmonischer Muster: Licht und Schatten, die Silhouetten der Bäume, das Himmelsgewölbe, die Steine unter unseren Füßen, der Regen, der an die Fensterscheibe klatscht, der Wind in den Hügeln, die Meeresküste, der Rhythmus der Jahreszeiten, die mühelose Leichtigkeit, mit der Tiere sich bewegen oder ruhen – all diese Dinge künden vom Mandala der Schöpfung.

Wenn Sie die Natur genau beobachten, werden Sie ihre »heilige Geometrie« erkennen: Kreise und Winkel, Länge und Breite, Höhe und Tiefe. Betrachten Sie die Symmetrie einer Blüte, die filigrane Architektur eines Blattes, die Rundung eines Kieselsteins, den der Fluss glatt geschliffen hat. Bewundern Sie das Farbenspiel der Natur – wie jeder Farbton die umliegenden Farbnuancen ergänzt und optimal zur Geltung bringt. Ertasten Sie die verschiedenen Oberflächenstrukturen, manchmal glatt, manchmal uneben: das samtig feuchte Moos, die raue Rinde eines Baumstamms, die Glätte eines Felsens, die Wärme des Feuers, die kühle Umarmung fließenden Wassers, der warme Süd-

**Betrachten Sie die Welt um sich herum in allen Details.
Die Kreise, die Symmetrie und die sich ständig wiederholenden Muster der Natur erinnern uns daran, dass sie das erhabenste Mandala ist, das es gibt.**

wind, der eisige Nordwind. Das Mandala der Natur umfasst alle vier Elemente – Erde, Luft, Feuer und Wasser –, ebenso wie die vier Dimensionen des Raums – Norden, Süden, Osten, Westen – und die zwei Dimensionen der Zeit – Vergangenheit und Zukunft.

Nutzen Sie jede Gelegenheit, in dieses Mandala der Natur einzutauchen. Sitzen Sie so oft wie möglich im Freien; ignorieren Sie die Geräuschkulisse Ihres inneren Dialogs und treten Sie stattdessen in wortlose Kommunikation mit der Natur. Nehmen Sie die Natur einfach wahr, ohne das, was Sie dabei sehen, zu bewerten oder zu klassifizieren. Machen Sie sich bewusst, dass auch

Im Einklang mit der Natur

Oft vergessen wir, dass wir ebenso ein Teil der Natur sind wie die Bäume und Blumen, der Himmel und die Meeresküste. Die Elemente der Erde finden sich auch in unserem eigenen Körper wieder: Luft in unseren Lungen, Wasser in unserem Blut, Feuer in der Wärme unserer Lebenskraft. Wir sind ein Teil des Mandalas der Natur. Gleichzeitig sind wir aber auch selbst ein Mandala mit fünf Ecken, das sowohl einen Kreis als auch ein Quadrat bilden kann, so wie Leonardo da Vinci es in seinem berühmten Bild des menschlichen Körpers dargestellt hat.

Richten Sie Ihre Aufmerksamkeit beim Meditieren für einen Augenblick auf dieses Mandala Ihres Körpers, das, wenn Sie auf einem Kissen sitzen, ein Dreieck bildet: Ihr Kopf ist die Spitze, Ihre Beine sind die Basis und Ihre Arme die beiden Seiten des Dreiecks. Werden Sie sich der harmonischen Ausgewogenheit Ihres Körpers bewusst.

Sie ein Teil der Natur, ein Bestandteil dieses Mandalas sind – das ruhende Zentrum, um das die Natur ihren Zauber entfaltet.

Und wenn Sie nicht in die Natur hinausgehen können, dann lassen Sie sie einfach zu sich kommen. Kaufen Sie Topfpflanzen und setzen Sie sich davor. Senden Sie Ihr Bewusstsein liebevoll zu den Pflanzen aus. Schauen Sie sich die Blüten genau an, vor allem die Korbblütler, bei welchen die Blütenblätter symmetrisch um ein kleines »Kissen« in der Mitte herum angeordnet sind. Hängen Sie Bilder von Wäldern und anderen schönen Landschaften auf und betrachten Sie diese. So können Sie sich in einen Zustand selbstvergessener Konzentration versetzen. Mandalas gibt es überall, direkt vor unseren Augen; wir müssen nur hinsehen.

AKZEPTIEREN SIE SICH SELBST

Jede Meditation ist eine Übung in der Kunst der Selbsterkenntnis. Die meisten Menschen glauben zu wissen, wer sie sind; doch in Wirklichkeit ist ein großer Teil unserer Seele unbekanntes Terrain für uns. Wir erkunden nur selten die Tiefen unseres Unbewussten oder fragen uns nach dem Sinn und Zweck unserer Existenz. Wir leben nur an der Oberfläche und sind uns selbst fremd.

Ein Mandala ist wie ein Spiegel, mit dessen Hilfe wir uns selbst entdecken können. Wenn es das richtige Mandala ist, spiegelt es etwas wider, was tief in unserem eigenen Inneren liegt. Und dieses Spiegelbild beurteilt oder verdammt uns nicht, es schmeichelt oder täuscht uns nicht und vergleicht uns auch nicht mit anderen Menschen, sondern zeigt uns die Dinge einfach so, wie sie sind. Wenn wir über uns nachdenken, werden uns alle möglichen Stärken und Schwächen bewusst; doch das kümmert das Mandala nicht. Wie ein Spiegel akzeptiert es alles, was es sieht. Wir können daraus lernen, uns nicht länger anders zu geben, als wir sind, sondern einfach nur wir selbst zu sein.

Das Ich und Erleuchtung

Das »Ich« ist ein ziemlich vager Begriff. Moderne Psychologen meinen damit sowohl das Bild, das wir von uns selbst haben, als auch das einende Prinzip, das uns für uns selbst und andere Menschen als Individuum erkennbar macht. Für die Buddhisten ist dieses »Ich« einem ständigen Wandlungsprozess unterworfen, auch wenn uns unsere Erinnerung ein Gefühl von Kontinuität gibt.

Durch die verschiedenen Anforderungen, die seit unserer Kindheit an uns gestellt werden, kann dieses Ich fragmentiert werden, sodass wir uns inkonsequent verhalten und innere Konflikte erleben. Durch Meditation können wir dieses Ich wieder zu einer Einheit machen und einen tieferen Aspekt unseres Wesens zum Vorschein bringen, der als *Seele* oder *Geist* bezeichnet wird und jenem unbeständigen, wandelbaren Ich zugrunde liegt, das wir irrtümlicherweise für unser wahres Wesen halten. Diese Erkenntnis unseres wahren Wesens wird manchmal als *Erleuchtung* bezeichnet. Sie lässt sich jedoch nicht erlernen, sondern nur direkt erfahren.

Menschliches Leiden erwächst großenteils aus unserer Unfähigkeit, uns selbst Wertschätzung entgegenzubringen. Nur allzu oft wird uns schon in den ersten prägenden Jahren unseres Lebens ein Gefühl der Unzulänglichkeit gegeben. Meditation lehrt uns, dass wir der Mensch sind, der wir sind – und das muss der Ausgangspunkt unserer Reise sein.

Sich selbst zu akzeptieren, hat nichts mit Selbstherrlichkeit oder der Verleugnung eigener Schwächen zu tun, sondern nur mit Ehrlichkeit und Verständnis. Vielleicht werden Sie in manchen Mandalas dieses Buches eher Ihr eigenes Spiegelbild entdecken als in anderen. Wählen Sie als Meditationshilfe ruhig das Mandala aus, das Sie am meisten anspricht; aber lehnen Sie ein Bild nicht ab, nur weil Sie anfangs vielleicht noch nicht so gut damit arbeiten können. Unser eigenes Ich ist etwas Paradoxes: Einerseits ist es sehr kompliziert, andererseits aber auch wieder ganz einfach. Genau wie ein Mandala offenbart es uns seine Geheimnisse nicht gleich auf Anhieb, sondern langsam und allmählich.

GÜTE

Einer meiner buddhistischen Meditationslehrer sagte immer: »Auch wenn ihr das Gefühl habt, nicht viel für euren spirituellen Fortschritt tun zu können, könnt und solltet ihr stets gütig sein.« Damit meinte er, dass Güte das

Fundament ist, auf dem jeder spirituelle Fortschritt aufbaut. Ein schlichter Akt der Güte kann eine vollkommene Handlung sein. Das Fenster zu öffnen, um einen Schmetterling freizulassen, der sich verflogen hat, mag uns banal erscheinen; doch genau das hätten Jesus Christus oder Buddha auch getan. Denn das ist genau das, was der Schmetterling in diesem Augenblick braucht. Wenn wir uns das bewusst machen und in den scheinbar unwichtigen Dingen des Lebens Güte üben, wird es immer selbstverständlicher für uns werden, uns auch in Situationen, die wir als wichtig erachten, gütig zu verhalten.

Wie kann die Mandala-Meditation uns zu gütigeren Menschen machen? Ganz einfach: Ein Mandala, das eine tiefe Harmonie ausstrahlt, vermittelt uns ohne Worte die Botschaft, dass alle Dinge miteinander verbunden sind, und zeigt uns den Wert von Gelassenheit und innerem Frieden. Wir erkennen daran, wie jedes Element die Existenz aller anderen Elemente auf natürliche, spontane Weise unterstützen und verbessern kann. Güte ist keine künstliche Eigenschaft, um die man sich bemühen muss; sie ergibt sich ganz von selbst, sobald wir das Leben nicht mehr als etwas Fragmentarisches, Individuelles betrachten, bei dem jeder sich nur um sich selber kümmert und nicht an andere denkt. Das Mandala existiert nur aufgrund der Beziehung zwischen seinen Elementen. Diese stehen nicht einfach nur für sich selbst, sondern sie sind ein fester Bestandteil des Ganzen.

Doch mit solchen Gedanken sollte man sich beim Meditieren nicht beschäftigen. Denn wenn wir dabei einen bewussten Gedanken verfolgen, ist der Meditationsprozess schon zu einer künstlichen Übung unseres bewussten Verstandes geworden. Wir müssen das Mandala zu unserem Unbewussten sprechen lassen. Oft merken wir erst nach der Meditation oder wenn wir ein paar Wochen oder Monate lang mit einem Mandala gearbeitet haben, was für eine Wirkung es auf uns hat. Güte, innere Harmonie und Gelassenheit sind völlig normale Gemütszustände. Wenn wir uns innerlich für das Mandala öffnen, entdecken wir diese Zustände wieder, und sie beginnen, all unsere Handlungen in der inneren und äußeren Welt zu beeinflussen.

LIEBE

Alle großen spirituellen Traditionen der Welt lehren, dass das Wesen aller Dinge Liebe ist – dass die Schöpfung aus Liebe entsteht und durch Liebe am Leben erhalten wird. Menschen, die mystische Erfahrungen gemacht haben, sagen das Gleiche. Sie schildern, dass ihr individuelles Ich sich während dieses Erlebnisses in die Unendlichkeit reinen Seins hinein ausgedehnt hat und dass sie dabei die unbeschreibliche Glückseligkeit dieser schöpferischen, Leben spendenden Liebe empfanden. Durch diesen kurzen Blick, den sie auf die höchste Realität werfen durften, hat sich ihr Leben für immer verändert.

Viele Menschen, die klinisch tot waren und wiederbelebt wurden, berichten von ähnlichen Erfahrungen; auch solche Nahtoderfahrungen können das Leben eines Menschen von Grund auf verändern.

Eine solche Liebe ist mehr als die romantische Beziehung zwischen zwei Menschen. Es ist eine Liebe, die uns mit allem vereint und unser Leben intensiver werden lässt. Güte ist ein Ausdruck dieser Liebe im täglichen Leben; doch Liebe geht weit über bloße Güte hinaus. Die Erfahrung der Liebe kann alle Unterschiede und Gegensätze miteinander vereinen, alle Streitigkeiten und Leiden beenden. Die Mystiker sagen, dass das Erlebnis einer solchen Liebe uns sämtliche Geheimnisse offenbart – auch die Geheimnisse von Leben und Tod und das Rätsel unserer eigenen Existenz.

Alle echten Mandalas – das heißt alle Mandalas, die nicht mit dem berechnenden Wissen des Verstandes, sondern durch die intuitive Weisheit des Unbewussten erschaffen wurden – sind symbolische Darstellungen der Liebe. Sie brauchen also kein spezielles Mandala auszuwählen, das Liebe symbolisiert. Manchmal scheint ein Mandala Sie auszuwählen: Ein Funke der Intuition springt auf Sie über, und Sie spüren, dass dieses Mandala auf einer besonders tiefen Ebene mit Ihnen kommuniziert. Dann möchten Sie vielleicht öfter auf dieses Mandala meditieren. Das ist völlig in Ordnung. Sie brauchen die Mandalas nicht eines nach dem anderen durchzuarbeiten. Jedes Mandala kommuniziert auf andere Weise mit Ihnen. Auch wenn Sie zu manchen vielleicht eine besondere Beziehung haben und sie bei der Meditation gern öfter heranziehen, lohnt es sich, auch mit jenen Mandalas weiterzuarbeiten, die Ihnen zunächst weniger zusagen. Manchmal lernen wir aus unseren Beziehungen zu schwierigen Menschen mehr über die Wichtigkeit der Liebe als aus unseren besten Freundschaften. Das Gleiche gilt vielleicht auch für Mandalas: Jedes Mandala in diesem Buch hat uns etwas über die Liebe zu sagen; wir müssen ihm nur Zeit und Gelegenheit dazu geben.

Symbole der Liebe

Das Herz ist in vielerlei Hinsicht immer noch das treffendste Liebessymbol, das es gibt. Es hat die harmonische, ausgewogene Form eines länglichen Kreises und erinnert gleichzeitig an ein Dreieck mit der Spitze nach unten: das Symbol der göttlichen Lebenskraft, die vom Himmel in die Welt der Materie hinab fließt. Ein anderes ausgezeichnetes Symbol für Liebe ist die Rose, die mit der kunstvollen Anordnung ihrer Blütenblätter ein wunderschönes Mandala bildet. Beide Liebessymbole kann man bei der Mandala-Meditation benutzen, ebenso fast alle anderen Blüten und Blätter. Kammmuscheln bilden mit ihren filigranen, in einem Punkt zusammenlaufenden Linien ebenfalls ein sehr spirituelles Mandala.

Auch die Kugelform der Erde selbst ist ein Mandala und gleichzeitig ein wunderbares Liebessymbol. Die Erde erhält uns und bietet uns Nahrung, Wasser und Wärme. Die Sonne, die sich selbst verzehrt, um uns Leben zu spenden, ist ein weiteres vollkommenes Mandala und das höchste Symbol aufopfernder Liebe.

DAS UNIVERSUM

Heutzutage leben viele Menschen in Städten, in denen Lichtverschmutzung unseren Blick auf die Sterne und Planeten behindert. Deshalb machen wir uns nur selten die Unermesslichkeit des Universums bewusst, in dem wir leben. Selbst unser Planet Erde ist im Vergleich zur riesigen Ausdehnung des Kosmos kleiner als ein Staubkorn; und unsere individuelle Existenz auf einem solch winzig kleinen Planeten scheint eigentlich kaum der Rede wert zu sein. Doch so seltsam es uns auch vorkommen mag: Wenn wir in die Wüste gehen, wo wir zum riesigen Gewölbe des Nachthimmels aufschauen können, kommen wir uns eigentlich gar nicht mehr so unbedeutend vor, sondern haben eher das Gefühl, ein wesentlicher Bestandteil dieses erhabenen Weltraums zu sein. Das liegt daran, dass Bedeutung nichts mit Größe zu tun hat. Schon allein die Tatsache, dass wir ein Teil dieser endlosen Weite sind, ist von Bedeutung. Unser Geist strebt spontan der Unendlichkeit entgegen, der er angehört.

Mandalas vermitteln uns einen Eindruck von dieser Unermesslichkeit des Universums. Einige traditionelle hinduistische und tibetisch-buddhistische Mandalas, zum Beispiel das bekannte Shri-Yantra, sind symbolische Darstellungen der Entfaltung der Existenz vom ersten kleinen Punkt bis zu jener Unendlichkeit, die alles umfasst und dabei doch gleichzeitig leer bleibt.

Das Shri-Yantra steht für die kosmische Schöpfung. Sein Mittelpunkt (*bindu*) symbolisiert Einheit, den göttlichen Ursprung. Die beiden Dreiecke stellen die Vereinigung von Shiva und Shakti, der männlichen und weiblichen göttlichen Kraft, dar.

Mandala-Meditation kann uns zeitlose Augenblicke der inneren Ausdehnung schenken, in welchen wir über unseren physischen Körper hinauszuwachsen und einen Zustand reinen Bewusstseins zu erreichen scheinen. Wenn wir uns nach der Meditation an diese zeitlosen Momente zurückerinnern, haben wir das Gefühl, dass das Mandala uns ein Tor zum »kosmischen Bewusstsein« geöffnet hat – zu der Erkenntnis, dass wir nicht nur ein wichtiger Bestandteil des Universums sind, sondern dass dieses Universum gleichzeitig auch irgendwie in unserem eigenen Inneren liegt.

Meditative Versenkung in kosmische Geheimnisse

Das Universum birgt viel mehr Geheimnisse, als die Astronomen bisher entdeckt haben. Selbst Zeit und Raum - uns scheinbar so vertraut - sind in Wirklichkeit unbekannte Größen. Raum ist die Entfernung zwischen zwei Dingen, aber was ist Entfernung? Zeit ist ein Veränderungsprozess, aber was ist Veränderung? Wir befinden uns im Raum, und doch ist dieser Raum gleichzeitig in uns, in jedem Atom unseres Körpers. Und wir befinden uns auch in der Zeit; dennoch gibt es keinen gegenwärtigen Augenblick. Je mehr wir über diese Fragen nachdenken, umso klarer wird uns, dass Zeit und Raum und auch die Vorstellung vom Universum künstliche Konzepte sind, die der Mensch in dem Versuch erfunden hat, das Unerklärbare zu erklären.

Meditation auf ein Mandala kann uns zu einer plötzlichen tiefen Erkenntnis des Universums verhelfen - einer Erkenntnis, die die Rätsel des Kosmos zwar nicht löst, uns aber vielleicht etwas von seiner Ehrfurcht gebietenden Größe begreifen lässt.

Meditationslehrer warnen allerdings davor, sich krampfhaft um eine solche Erkenntnis zu bemühen. Denn das ist der sicherste Weg, um sie zu verhindern. Wie alles andere Wertvolle in der Meditation ergibt sie sich – wenn überhaupt – ganz von selbst. Denken Sie daran, dass es bei der Mandala-Meditation wichtig ist, seinen Blick auf einen Punkt zu richten – normalerweise auf das Zentrum oder einen Punkt, der etwas darüber liegt. Sie müssen innerlich nur so ruhig wie möglich sein und dürfen sich nicht von Gedanken, Gefühlen oder physischen Wahrnehmungen ablenken lassen. Schließlich haben Sie das Universum nicht erschaffen, also können Sie auch nicht erwarten, dass es sich Ihnen aufgrund eigener Bemühungen erschließt.

EIN EIGENES MANDALA MALEN

Der bekannte Psychologe C. G. Jung hat sich intensiv mit Mandalas beschäftigt und viele symbolische Bedeutungen darin entdeckt. Wenn seine Klienten im Lauf der Psychotherapie Fortschritte machten, begannen sie häufig spontan eigene Mandalas zu zeichnen. Jung sah einen engen Zusammenhang zwischen Mandalas und psychischer und spiritueller Gesundheit. Als er sich in Bollingen ein Haus mit Blick auf den Genfer See baute, gab er ihm die Form eines Mandalas. Vielleicht werden auch Sie irgendwann den Wunsch haben, ein eigenes Mandala zu kreieren.

Dabei sollten Sie sich an bestimmte Richtlinien halten. Erstens darf ein Mandala niemals aus einer bewussten Bemühung heraus entstehen. Wenn Sie darüber nachdenken, wie Ihr Mandala aussehen sollte, werden Sie zwar vielleicht etwas ganz Hübsches, jedoch etwas Künstliches schaffen. Das Mandala sollte Ihrem Unbewussten entspringen – als sei es Ihnen von einer Kraft gegeben worden, die größer ist als Sie selbst. Vielleicht wird es während einer Meditationssitzung spontan vor Ihrem inneren Auge erstehen. Sie können sich aber auch vor ein leeres Blatt Papier setzen, alle Gedanken ausschalten

Lösen Sie sich von vorgefassten Meinungen

Ein eigenes Mandala zu erschaffen, ist kein Beweis dafür, dass Sie bei der Meditation Fortschritte machen. Also tun Sie das nur, wenn Sie auch wirklich den inneren Drang dazu verspüren. Legen Sie ein Blatt Papier (mindestens DIN-A4-Format) und mehrere Buntstifte (auf jeden Fall Rot, Grün, Gelb und Blau) bereit. Versetzen Sie sich in meditative Stimmung und versuchen Sie sich von allen Vorstellungen zu lösen, wie Ihr Mandala aussehen sollte. Arbeiten Sie freihändig. Sie können später immer noch kleine Korrekturen anbringen.

Beginnen Sie mit irgendeiner geometrischen Form und fügen Sie dann Farben und andere Formen hinzu. Es sollte ein spontaner, schöpferischer Prozess sein, der keiner bewussten Überlegung, sondern Ihrem Unbewussten entspringt. Versuchen Sie nicht krampfhaft etwas Harmonisches, Ausgewogenes zu schaffen, sondern zeichnen Sie einfach, was Ihnen in den Sinn kommt.

Falls Ihr Mandala Ihnen nicht gefallen sollte, zerreißen Sie es nicht. Legen Sie es einfach beiseite; vielleicht haben Sie später wieder einmal Lust, damit zu arbeiten.

und einfach zeichnen, was Ihnen in den Sinn kommt. Vielleicht werden Sie erst nach mehreren Anläufen ein Bild erschaffen, das Sie unmittelbar anzusprechen scheint.

Zweitens ist ein Mandala nicht einfach nur eine Zeichnung innerhalb eines Kreises oder Quadrats. Es sollte eine erkennbare Symmetrie haben und einen Eindruck harmonischer Ausgewogenheit vermitteln. Und es sollte für etwas stehen, was über seine rein äußerlichen Elemente hinausgeht – etwas, das sich Ihnen vielleicht erst ganz allmählich bei der Meditation offenbart.

Und drittens: Versuchen Sie nichts zu erzwingen. Wenn beim besten Willen kein sinnvolles Bild in Ihnen aufsteigt, machen Sie sich nichts daraus. Betrachten Sie es nicht als Misserfolg. Vielleicht sollten Sie sich dann lieber an die Mandalas halten, die andere Menschen geschaffen haben. Traditionelle Mandalas haben sich über lange Zeit bewährt; sie sind etwas sehr Tiefgründiges, Dauerhaftes.

Viertens: Scheuen Sie sich nicht, Ihre Zeichnung wieder beiseite zu legen, wenn Sie unzufrieden damit sind. Sie sollten nicht an Ihrem Mandala hängen, nur weil Sie es selbst geschaffen haben. Es ist nur dazu da, Ihnen zu helfen, und wenn es diesen Zweck nicht mehr erfüllt, sollten Sie sich davon trennen.

Statt Ihr eigenes Mandala zu kreieren, können Sie auch eines der Mandalas in diesem Buch abwandeln. Aber achten Sie auch hierbei wieder darauf, nicht aus Ihrem normalen analytischen Bewusstsein, sondern aus Ihrem Unbewussten heraus zu arbeiten. Verändern Sie ein Mandala nicht einfach nur, damit es hübscher aussieht. Mandalas sind schöne Bilder; doch ihre Schönheit ist Ausdruck der tieferen Bedeutung und Harmonie, die ihnen zugrunde liegt. Versuchen Sie niemals ein Mandala abzuändern, das aus einer der großen spirituellen Traditionen stammt: Denn ihnen wohnt bereits eine zeitlose Weisheit inne.

DIE SYMBOLSPRACHE DER MANDALAS

C. G. Jung stellte fest, dass die Mandalas seiner Klienten im Lauf ihrer psychotherapeutischen Behandlung immer harmonischer und bedeutungsträchtiger wurden. Seiner Meinung nach steht das Zentrum eines Mandalas für das Selbst, die Persönlichkeit, während die äußeren Bereiche alles repräsentieren, was zu diesem Selbst gehört – also die entgegengesetzten Elemente, die die Gesamtpersönlichkeit ausmachen. Für Jung entsteht psychische Gesundheit daraus, dass man diese Elemente in seinem Inneren ins Gleichgewicht bringt, um ein Gefühl innerer Harmonie zu erleben und alle seine natürlichen Energien auf angemessene, wirksame Weise zum Ausdruck bringen zu können.

Wenn Sie bei der Meditation Fortschritte machen, wird Ihnen die Symbolsprache der Mandalas immer klarer werden. Manche Symbole haben fast universale Bedeutung, während andere nur für Sie persönlich einen Sinn ergeben. Aber versuchen Sie beim Meditieren nicht, bestimmte Symbole in einem Mandala zu erkennen oder ihre mögliche Bedeutung zu erraten. Symbole wirken am besten, wenn man sie zunächst einmal auf unbewusster Ebene in sich aufnimmt. Trotzdem kann eine Kenntnis der wichtigsten Symbole Ihnen helfen, wenn Sie in der Meditation schon ein wenig versierter sind.

Buddhistische Mandalas sind traditionell in vier Grundfarben gehalten: Weiß, Gelb, Rot und Grün. Diese Farben stehen für die vier Elemente der menschlichen Persönlichkeit: Extroversion, Introversion, Stabilität und Neurotik. Weiß symbolisiert Reinheit, Gelb steht für den Ausdruck des göttlichen Prinzips in der Materie. Rot repräsentiert Energie und Lebenskraft, Grün die Natur. Später gab man der Farbe Blau die symbolische Bedeutung von Frieden und Unendlichkeit, während Purpur und Violett für Mystik und spirituelle Fähigkeiten stehen.

Auch die Formen haben symbolische Bedeutung: Das Kreuz symbolisiert den Abstieg der göttlichen Lebenskraft in die Welt der Materie. Der Kreis steht für Vollendung, Bewegung, Vollkommenheit – er hat weder Anfang noch Ende. Das Quadrat bedeutet Gleichgewicht, Sicherheit und die vier Himmelsrichtungen. Ein Dreieck mit der Spitze nach oben symbolisiert den Aufstieg des Menschen zum Göttlichen, während das Dreieck mit der Spitze nach unten für das Göttliche steht, das dem Menschen seine Hand entgegenstreckt. Jung maß der Beziehung zwischen Kreis und Quadrat eine besondere symbolische Bedeutung bei: In seinen Schriften sprach er häufig von der »Quadratur des Kreises«, die wir als Harmonisierung des Quadrats, also Bewusstsein und äußere, materielle Welt, mit dem Kreis, dem Unbewussten und der inneren, spirituellen Welt, deuten können.

In den 52 Mandalas in diesem Buch spiegelt sich die traditionelle Symbolik verschiedener Kulturen der ganzen Welt wider, allerdings mit einer gewissen erfinderischen Freiheit. Ich rate allen Lesern, bei der Meditation in der beschriebenen Weise vorzugehen. Doch zunächst einmal möchten Sie sich vielleicht ein wenig mit der intuitiven, symbolischen Denkweise vertraut machen, die diesen Mandalas zugrunde liegt und die ich in den Meditationsanleitungen dargestellt habe.

IDEEN UND ANREGUNGEN FÜR FORTGESCHRITTENE

Es bleibt Ihnen überlassen, wie Sie die Mandala-Meditation hinterher fortsetzen möchten. Vielleicht wollen Sie sie in eine andere Meditationsart integrieren und nur hin und wieder praktizieren. Aber Sie können die Mandala-Meditation natürlich auch zu Ihrem wichtigsten Meditationsprogramm machen. Um Fortschritte beim Meditieren zu machen, sollten Sie versuchen, sich jeden

Tag mindestens 20 bis 30 Minuten Zeit dafür zu nehmen. Steigern Sie diese Zeit allmählich; versuchen Sie nichts zu erzwingen. Meditieren Sie möglichst jeden Tag zur gleichen Zeit und am selben Ort – auf einem Kissen oder Stuhl, den Sie ausschließlich für die Meditation benutzen. Tragen Sie dabei leichte, bequeme Kleidung in einer ruhigen, gedämpften Farbe, die zur inneren Ruhe Ihrer Meditation passt.

Wenn Sie ein eigenes Mandala kreiert haben, benutzen Sie es ruhig als

Die Suche nach Wahrheit

Dogen, der Begründer der Soto-Zen-Tradition, lehrte, dass man nicht meditiert, um ein Buddha zu werden, sondern dass Buddhas meditieren. Mit anderen Worten: Schon durch den Akt der Meditation wird man zum Buddha. Damit meinte Dogen freilich echte Meditation und nicht einfach nur gedankenverlorenes Dasitzen. Doch seine Lehre zeigt uns, dass Meditation nicht nur etwas für Geübte ist, sondern für alle Menschen: während der Meditation offenbart sich unser natürlicher Gemütszustand, wenn wir innerlich zur Ruhe kommen. Die Meditation fügt unserem Bewusstsein nichts hinzu, was nicht bereits da ist. Im Gegenteil: Sie lässt alles von uns abfallen, was unser Bewusstsein davon abhält, sein wahres Wesen zu erkennen.

Diese tiefe Wahrheit ist ein großer Anreiz, weiter zu üben. Beim Meditieren erfahren wir Dinge über uns, die wir längst vergessen hatten - wir gewinnen Erkenntnisse, die uns nicht nur in unserem Menschsein bestätigen, sondern uns auch zeigen, dass wir spirituelle Wesen sind - ein Ausdruck jener vereinenden schöpferischen Kraft, aus der alle sichtbaren und unsichtbaren Dinge entspringen.

Hilfe; aber seien Sie auch bereit, ein neues Mandala zu schaffen, wenn Sie das Bedürfnis danach haben. Achten Sie darauf, wie Ihr neues Mandala sich vom alten unterscheidet. Meditation ist keine Form der Psychotherapie, wie C. G. Jung sie bei seinen Klienten praktizierte; trotzdem werden Sie vielleicht merken, wie Ihre Mandalas sich allmählich weiterentwickeln. Aber versuchen Sie sie nicht zu sehr zu analysieren oder gar bewusst zu »verbessern«, nur um sich selbst zu beweisen, was für Fortschritte Sie machen.

Wenn Sie die Meditation nicht weiter zu bringen scheint, obwohl Sie sie schon seit längerem praktizieren, lassen Sie sich dadurch nicht entmutigen. Auf unbewusster Ebene kann sich bei Ihnen dennoch etwas verändert haben. Viele Menschen, die das Meditieren in einer bestimmten Lebensphase aufgeben, kehren später wieder dazu zurück. Wenn Sie momentan nicht das Bedürfnis haben sollten, weiter zu meditieren, legen Sie dieses Buch zur Seite, aber vergessen Sie es nicht völlig. Genau wie die Meditation ist dieses Buch dazu da, Ihnen zu helfen. Oder um die Worte von Jesus Christus ein wenig abzuwandeln: Nicht der Mensch ist für die Meditation da, sondern die Meditation für den Menschen. Sie ist wie ein kluger, treuer Freund, immer bereit, uns zu Hilfe zu kommen, wenn wir sie brauchen, zum Beispiel in Zeiten seelischer Belastung oder Ungewissheit – immer wenn wir das Bedürfnis danach haben, den Frieden zu finden, der tief in unserem Inneren liegt.

Im Zen-Garten soll man das innerste Wesen eines natürlichen Objekts in sich aufnehmen, genau wie wir in der Meditation das ruhige, gelassene Zentrum unseres eigenen Seins erfahren.

52 Mandalas zum Meditieren

WIE MAN MIT DEN ANLEITUNGEN ARBEITET

Die Meditationsanleitungen möchten den Anfänger in die Denkweise einführen, die den Mandalas zugrunde liegt, und ihm mögliche symbolische Bedeutungen erschließen. Sobald Sie etwas mehr Übung haben, brauchen Sie diese Anleitungen nicht mehr; dann werden Sie allmählich ganz intuitiv mit den Mandalas umgehen und Ihre eigenen Symbole darin entdecken. Der Übersichtlichkeit halber sind die Mandalas nach Themen angeordnet. Aber lassen Sie sich dadurch nicht in ein vorgegebenes Schema zwängen; jeder erlebt diese Mandalas auf seine eigene Weise. Letzten Endes sind sie alle ein Spiegelbild Ihres Ichs, des Universums und der Liebe, die alles miteinander verbinden.

Das Keltenkreuz

DAS KELTENKREUZ VERBINDET ZWEI AUSDRUCKSSTARKE SYMBOLE: DER KREIS STEHT FÜR DAS UNENDLICHE ODER DIE EWIGKEIT, DAS KREUZ FÜR DIE WELT DER PHYSISCHEN FORMEN. FRÜHER SYMBOLISIERTE DIESES BILD VERMUTLICH SCHÖPFERISCHE KRAFT.

1 Betrachten Sie zunächst die beiden Grundformen: Der Kreis steht für das weibliche, das Kreuz für das männliche Prinzip. Aus dem Zusammenspiel dieser beiden Kräfte entsteht die gesamte Schöpfung.

2 Auf einer höheren Symbolebene kann man den Kreis als Ewigkeit und das Kreuz als erschaffene Welt betrachten. Die Balken des Kreuzes symbolisieren die Himmelsrichtungen und die vier Elemente.

3 Das fünfte Element, der Geist, wird durch den Kreis repräsentiert, der gleichzeitig für den Kreislauf des Lebens und den unendlichen Weg des Wissens steht – alles verschmolzen zu einer allumfassenden kosmischen Harmonie. Lassen Sie diese Harmonie in Ihr Bewusstsein hineinströmen wie Wasser in einen Brunnen.

„Wenn du den Schöpfer begreifen möchtest, versuche die Dinge zu verstehen, die er erschaffen hat."

COLUMBAN (UM 543–615)

2 Spiralen

FÜR DIE KELTEN UND ANDERE ALTE VÖLKER WAR DIE SPIRALE VERMUTLICH EIN SYMBOL FÜR DIE SONNE, DEN URSPRUNG ALLEN LEBENS. DIESES MANDALA STEHT FÜR DIE UNZERSTÖRBARE ENERGIE DES UNIVERSUMS – UND FÜR DIE WEITERENTWICKLUNG UNSERER SEELE.

1 Betrachten Sie die Spiralen zunächst als Tanz der göttlichen Energie der Sonne, die alles Leben nährt und erhält.

2 Nun sehen Sie darin Ihren Weg zur Erleuchtung – wie Sie sich langsam dem ruhigen, friedvollen Zentrum Ihres Ichs nähern. Die Harmonie dieses Mandalas ergibt sich aus der Güte des Menschen, der die Wahrheit sucht und findet.

3 Und nun lassen Sie diese beiden Bedeutungen – die kosmische und die persönliche – miteinander verschmelzen: Die vielen verschiedenen Spiralen werden zu einem einzigen Bild, das für das Wachstum der Natur und der Seele steht, für den Strom des Universums und den Fluss der eigenen Erkenntnis – die Erschaffung und Auflösung der Welt und Ihres eigenen Ichs innerhalb dieser Welt.

Die Sonne, das Herz der Zuneigung und des Lebens, übergießt die entzückte Erde mit glühender Liebe.

ARTHUR RIMBAUD (1854–1891)

3 Donnervogel

FÜR DIE AMERIKANISCHEN UREINWOHNER MANIFESTIERTE SICH DER GROSSE GEIST IN VERSCHIEDENEN FORMEN DER NATUR, ZUM BEISPIEL IM DONNERVOGEL, DEM WÄCHTER DES HIMMELS, UND SEINEM IMMERWÄHRENDEN KAMPF GEGEN DIE SCHLANGEN DER UNTERWELT.

1 Schauen Sie sich den Vogel in der Mitte des Mandalas an: Das ist der Donnervogel. Man kann ihn als Ursprung des aktiven Guten in der Welt interpretieren – jene Energie, die unsere guten Eigenschaften nährt und uns vor moralischen Gefahren auf der Hut sein lässt.

2 Nun betrachten Sie das Spiralmuster rund um den Donnervogel. Es steht für das ewige Blühen der Schöpfung in der Transparenz des reinen Geistes.

3 Nehmen Sie die Energien des Vogels als Totem Ihrer spirituellen Selbsterkenntnis in sich auf. Unabhängig von Ihrem religiösen Glauben kann dieses eindrucksvolle Bild der Natur – ein Vogel, der im Sturm zu Hause ist – Sie in der Verfolgung Ihrer Ziele bestärken.

„Lausche auf die Stimme der Natur, denn sie birgt Kostbarkeiten für uns alle."

SPRUCHWEISHEIT DER HURONEN

4 Triskeles

DAS TRISKELES MIT SEINEN DREI VERBUNDENEN SPIRALEN IST EIN TYPISCH KELTISCHES SYMBOL. ES STEHT FÜR SONNE, LEBEN NACH DEM TOD UND WIEDERGEBURT. DIESE MANDALA-MEDITATION KANN IN DER SCHWANGERSCHAFT POSITIVE ENERGIEN ERZEUGEN.

1 Verfolgen Sie die ununterbrochene Linie der Dreierspirale. Wie der unendliche Knoten steht sie für die endlose Wiederholung der Kreisläufe des Lebens – für eine Lebenskraft, die sich immer wieder neu manifestiert, und die Perspektive der Ewigkeit, die sich daraus ergibt.

2 Nun sehen Sie diese Lebenskraft in den ewigen Geist eingebettet, für den die äußere Kreislinie des Mandalas steht.

3 Nehmen Sie dieses vollendete Gleichgewicht zwischen Sein und Werden, ewiger Leere und lebendiger Schöpfung in Ihr Bewusstsein auf. Lassen Sie diese Harmonie in Ihr Bewusstsein, Ihren Körper, Ihr Herz und Ihre Blutbahnen hineinströmen. Sie sind unendlich schöpferisch – selbst dann, wenn Sie in der Stille des Geistes ruhen.

Jede Schöpfung erwächst aus Liebe.

LU XUN (1881–1936)

5 Hexagramm

DAS HEXAGRAMM BESTEHT AUS ZWEI INEINANDER VERFLOCHTENEN DREIECKEN UND STEHT FÜR DIE EINHEIT HINTER DER DUALITÄT. IN DER JÜDISCHEN RELIGION HEISST DIESES SYMBOL DAVIDSSTERN. HEXAGRAMME KOMMEN AUCH IN HINDUISTISCHEN MANDALAS VOR.

1 Betrachten Sie zunächst das Dreieck mit der Spitze nach oben, das für Männlichkeit und Feuer steht, und dann das Dreieck mit der Spitze nach unten, das Zeichen für Weiblichkeit und Wasser.

2 Nun konzentrieren Sie sich auf den oberen Teil des nach oben zeigenden Dreiecks, der von der Basis des nach unten zeigenden Dreiecks durchkreuzt wird: Das ist das Symbol für Luft. Als Nächstes schauen Sie sich den ebenfalls von einer waagerechten Linie durchzogenen unteren Teil des nach unten zeigenden Dreiecks an: Das ist das Symbol für Erde. Dieses Mandala beinhaltet also alle vier Elemente.

3 Nun nehmen Sie das Mandala als Ganzes in sich auf – alle Elemente, die gesamte Schöpfung. Das fünfte Element, der Geist, den die äußere Kreislinie symbolisiert, ist das Medium, durch das sich Ihr inneres Leben entfaltet.

*„Wer Mich andächtig anbetet,
Der ist in Mir, und Ich bin in ihm.“*

BHAGAVAD-GITA (UM 500 V. CHR.)

6 Der Irrgarten des Pilgers

FRÜHER WAR DAS LABYRINTH EIN SYMBOL MORALISCHER VERWIRRUNG. ERST IM MITTELALTER BEGANNEN DIE CHRISTEN DEN WAHREN WEG DES GLAUBENS DARIN ZU SEHEN. DIESES MANDALA IST DEM BODENMOSAIK DER KATHEDRALE IN CHARTRES NACHEMPFUNDEN.

1 Folgen Sie dem Labyrinth vom Eingang bis zum Blütenmotiv in der Mitte. Dabei dürften Sie sich eigentlich nicht verirren, denn die Wege gabeln sich nirgends. Sollten Sie trotzdem den Faden verlieren, kehren Sie wieder zum Ausgangspunkt zurück.

2 Während Sie sich dem Zentrum nähern, stellen Sie sich vor, wie Sie immer tiefer in Ihr eigenes Selbst eindringen. Das Labyrinth steht für Ihre physische Menschwerdung, Ihr irdisches Leben, und gleichzeitig für die Herausforderungen, die Ihnen auf Ihrer spirituellen Reise begegnen.

3 Sobald Sie im Zentrum angelangt sind, betrachten Sie es als Tunnel, der mitten in diese Buchseite hineinführt. Betreten Sie den Tunnel. Für viele Menschen geht das Labyrinth weiter, doch Sie verfolgen von nun an einen geraden Weg – solange Sie sich die Reinheit des Herzens bewahren, die Ihre Pilgerfahrt Ihnen geschenkt hat.

„Nur für den Zögerlichen ist der vollkommene Weg schwierig."

SENG-TS'AN (UM 520–606)

7 Perfekte Symmetrie

WIE DAS SHRI-YANTRA FÜHRT UNS DIESES MANDALA SYMBOLISCH ZUM AUGENBLICK DER SCHÖPFUNG ZURÜCK. ES ERINNERT UNS DARAN, DASS ES EIGENTLICH KEINEN UNTERSCHIED ZWISCHEN SUBJEKT UND OBJEKT GIBT.

1 Machen Sie sich die verschiedenen Formen des Mandalas bewusst: zuerst die dreieckigen Segmente, die für die physische Welt stehen, und dann die konzentrischen Kreise, die die spirituelle Vollkommenheit symbolisieren. Beachten Sie auch die tränenbefleckten Ränder – ein Symbol für Freude und Leiden.

2 Betrachten Sie nun die einander kreuzenden Linien, die in verschiedene Richtungen führen. Sie stehen für das Zusammenspiel zwischen männlichem und weiblichem Prinzip, aus dem die Schöpfung entsteht. Die vielen Kreise in der Mitte sind der göttliche Ursprung allen Lebens, pulsierend vor Energie, als wäre die Sonne auf die Größe eines Knopfes zusammengedrückt worden.

3 Lassen Sie die Energien dieses Mandalas immer tiefer in Ihr Bewusstsein hineinströmen, bis Sie in Ihrem Inneren eine vollendete, friedvolle Resonanz spüren.

„Alles im Universum liegt in deinem eigenen Inneren. Also musst du alles von dir selbst erbitten."

DJALAL OD-DIN RUMI (1207–1273)

8 Das Rad der Wahrheit

DAS RAD IN DIESEM MANDALA, DAS EINEM TIBETISCHEN ORIGINAL NACHEMPFUNDEN WURDE, STEHT FÜR DIE LEHREN DES BUDDHISMUS – UNTER ANDEREM FÜR DIE ZIELE VÖLLIGER SELBSTLOSIGKEIT UND RECHTER WAHRNEHMUNG. DIE SPIRALEN IN DER MITTE SYMBOLISIEREN WEISHEIT UND MITGEFÜHL.

1 Betrachten Sie zunächst das äußere Quadrat. Es steht für die Solidität und Dichte der materiellen Welt.

2 Nun konzentrieren Sie sich auf das Rad. Die Nabe ist ein doppeltes Yin-Yang-Symbol; die äußeren Kreise zeigen die Schritte auf dem Weg zur Erleuchtung. Die acht Speichen des Rades symbolisieren den buddhistischen Achtfachen Pfad: vollkommene Rede, vollkommenes Handeln, vollkommener Lebenserwerb, vollkommene Anstrengung, vollkommene Achtsamkeit, vollkommene Sammlung, vollkommene Erkenntnis und vollkommener Entschluss.

3 Die stilisierten Lotosblüten am Rand des Rades stehen für das reine, von Liebe und Weisheit erfüllte Herz. Lassen Sie sich von diesem Rad zu Reinheit und Ganzheit führen.

„Glück bedeutet Einklang zwischen dem, was du denkst, sagst und tust."

MOHANDAS K. GANDHI (1869–1948)

9 Das Vogelnest

MANDALAS, DIE DIE NATUR DARSTELLEN, SIND FREI VON DER SYMBOLIK EINER BESTIMMTEN KULTUR – SIE HABEN EINE UNIVERSALE BEDEUTUNG. AUSGANGSPUNKT DIESES MANDALAS IST DER URSPRUNG DES LEBENS, SYMBOLISIERT DURCH EIN EI.

1 Stellen Sie sich vor, dass Sie von oben auf das Vogelnest mit drei Eiern hinunterschauen, das in das Blätterdach eines Baumes eingebettet ist. Es wird von vier weiteren Nestern umgeben.

2 Konzentrieren Sie sich auf die Form und Farbe der drei Eier. Verlieren Sie sich schließlich in diesem kunstvoll verschlungenen Zweiggeflecht des Vogelnests.

3 Nun betrachten Sie das Ganze als reale, dreidimensionale Szene: Sie schweben hoch über der Erde, in der der Baum verwurzelt ist. Hören Sie in Gedanken das Vogelgezwitscher um sich herum.

4 Zum Schluss konzentrieren Sie sich auf das individuelle Leben in den drei Eiern: das Wunder der Erbanlagen, den Erfindungsreichtum der Natur.

> *„Auch als Erwachsener können wir eine neue Geburt erleben: ein Aufplatzen der Eierschale, eine völlig neue Sichtweise."*

EDUARDO CUADRA (1820–1903)

Der Wasserfall

10

DIESES MANDALA STELLT DAS LEBEN ALS TEICH IM ENDLOSEN STROM DER ZEIT DAR. ES GIBT ZWAR GEFAHREN, WIE KROKODILE, DOCH WER REINEN HERZENS IST, DEM GESCHIEHT NICHTS. WENN WIR UNS ALS TEIL DER NATUR AKZEPTIEREN, GELANGEN WIR ZU SELBSTERKENNTNIS.

1 Betrachten Sie zunächst die Quelle hoch oben in den Bergen. Der heiligenscheinartige Regenbogen zeigt, wie schön und heilig das Leben ist, wenn die Sonne als Zeichen des Göttlichen durch die Wassertropfen, die für unseren Körper stehen, in der Atmosphäre hindurch scheint.

2 Und nun stellen Sie sich vor, nackt im Teich zu schwimmen. Sie tauchen tief in die Natur ein und freuen sich Ihres Daseins, Ihrer jetzigen Menschwerdung.

3 Ihnen ist klar, dass die Natur auch physische Gefahren birgt – deshalb scheinen die Krokodile in dem Mandala wie Bäche dahin zu fließen. Akzeptieren Sie, dass der Regenbogen die Krokodile ebenso segnet wie den Schwimmer. Das Leben ist ein in ständigem Wandel begriffenes Kräftegleichgewicht.

Körper kommen und gehen wie Kleider.

SRI SANKARA (UM 788–820)

Feuer rund um den Lotos

DAS SPIRITUELLE SYMBOL DER LOTOSBLÜTE IST VON EINEM FEUERRING UMGEBEN, DER FÜR INNERE REINIGUNG STEHT. DER VIERTORIGE PALAST SYMBOLISIERT SCHUTZ ODER SICHERHEIT, UNIVERSALE ORDNUNG UND DAS GLEICHGEWICHT DER GEGENSÄTZE.

1 Betrachten Sie zunächst den Feuerring, ein komplexes Symbol, das auf Reinigung durch Zerstörung, Regeneration und das Licht der Weisheit verweist. Sie haben keine Angst davor, Ihre Bindungen an die irdische Welt zu verbrennen.

2 Nun wenden Sie sich dem Lotos zu, der in Ihrem Bewusstsein erblüht, wenn Ihre spirituelle Sicht sich immer mehr konzentriert.

3 Bewundern Sie schließlich den viertorigen Palast in der Mitte des Mandalas. In Ihrem jetzigen erleuchteten Zustand empfinden Sie die Leere des Palasts als unendlich kostbar und bereichernd. Sie sind mit sich und der Welt im Einklang.

*Worte sind nur gemaltes Feuer;
ein Blick ist das Feuer selbst.*

MARK TWAIN (1835–1910)

12 Der grüne Mann

DIESES ALTE HEIDNISCHE SYMBOL FINDET SICH ALS ÜBERREST PRIMITIVERER GLAUBENSVORSTELLUNGEN AUCH AN DEN WÄNDEN MITTELALTERLICHER KIRCHEN. ES SYMBOLISIERT DEN KREISLAUF VON LEBEN, TOD UND WIEDERGEBURT UND DEN GRÜNEN SAFT DER LEBENSKRAFT.

1 Betrachten Sie das halb hinter grünem Laub verborgene Gesicht. Wenn Sie genauer hinschauen, erkennen Sie, dass aus Mund und Fleisch des Mannes Blätter sprießen – er ist eine Verkörperung der Natur.

2 Werden Sie sich bewusst, dass auch wir in vielerlei Hinsicht nichts anderes sind als Verkörperungen der Natur. Und umgekehrt hat auch die Natur teil am menschlichen Geist; denn ihre Schönheit existiert nur, weil wir selbst in der Wildnis oder im Urwald, fern von allen menschlichen Spuren, eine göttliche Harmonie erkennen.

3 Nehmen Sie dieses Mandala als Symbol der Einheit des Universums und Ihrer inneren Verwandtschaft mit Tieren, Bäumen und Blumen in sich auf.

„Soll ich nicht Zwiesprache mit der Erde halten? Bestehe ich nicht selbst teilweise aus Blättern und vermodernden Pflanzen?"

HENRY DAVID THOREAU (1817–1862)

13

Der Tintenfisch

DER TINTENFISCH SYMBOLISIERT DIE ENTFALTUNG DER SCHÖPFUNG AUS IHREM GEHEIMNISVOLLEN ZENTRUM UND IST GLEICHZEITIG EIN BEISPIEL FÜR DAS ANDERSARTIGE. SO VERMITTELT DIESES MANDALA UNS EIN GEFÜHL DAFÜR, WER WIR SIND UND WAS DAS LEBEN IST.

1 Betrachten Sie die verworrenen Spiralen der acht Tintenfischarme. Sie stehen für die unendlichen Energien des Lebens, das sich aus dem geheimnisvollen Zentrum der Schöpfung heraus entfaltet.

2 Nun stellen Sie sich den Tintenfisch als Lebewesen mit eigenem Gehirn und einer individuellen mentalen Landschaft vor – keinem richtigen Geist, aber doch einer Art Weltsicht.

3 Der Tintenfisch umgibt sich mit einer Wolke schwarzer Tinte, um seine Feinde zu verwirren. Aber Sie sind nicht sein Feind. Sie existieren Seite an Seite mit ihm und wünschen ihm nichts Böses. Im Gegenteil: Sie respektieren sein Wesen und den Wert des Lebens, das er führt. Seine seltsame Schönheit ist ein kostbarer Aspekt Ihres Universums.

“*Die erleuchtete Seele ist offen für das Staunen. In jedem Wunder der Natur spiegelt sich das Wunder des Lebens wider.*”

MODERNER MEDITATIONSTEXT AUS LISSABON

14

Die Lotosblüte auf dem Wasser

DAS SCHÖNE AN DER LOTOSBLÜTE IST, DASS SIE VOM WASSER UND DEM SCHLAMM, DER SIE NÄHRT, UNBERÜHRT BLEIBT: SIE STEHT FÜR UNSERE UNBEFLECKTE SEELE. DIESES MANDALA ZEIGT DIE LOTOSBLÜTE VON OBEN WIE IN EINER LUFTAUFNAHME.

1 Betrachten Sie die wirbelnden Wasser der erschaffenen Welt – sie besitzen ihre eigene göttliche Schönheit, symbolisiert durch die blütenförmige Umrandung des Teichs.

2 Richten Sie nun Ihren Blick auf das runde Wasserbecken in der Mitte. Wie durch einen Zauber spiegelt sich darin der Sternenhimmel wider – ein Abbild der unermesslichen Weite des Universums.

3 Konzentrieren Sie sich nun auf die Lotosblüte mit dem Yin-Yang-Symbol in der Mitte. Der Lotos steht für die reine Seele, die die einander ergänzenden Gegensätze der Welt und des Universums in sich birgt.

4 Zuletzt fügen all diese verschiedenen Dinge – Wasser, Himmel, Sterne, Blüte und unsere eigene widersprüchliche Natur – sich in Ihrem Bewusstsein zu einem harmonischen Ganzen und schenken Ihnen inneren Frieden.

„Wer die Wahrheit einfach nur kennt, kann demjenigen, der die Wahrheit liebt, nicht das Wasser reichen."

KONFUZIUS (551–479 V. CHR.)

य

15

Herzlotos

DAS HERZCHAKRA LIEGT GENAU IN DER MITTE UNSERES CHAKRENSYSTEMS. DER LOTOS STEHT FÜR DIE SPIRITUALITÄT, DIE WIR IN UNSEREM HERZEN FINDEN KÖNNEN. DAS HEXAGRAMM IN DER MITTE UMSCHLIESST DEN URLAUT »YAM«.

1 Betrachten Sie die äußere Kreislinie des Mandalas – ein Bild spiritueller Vollkommenheit.

2 In den Blättern und Blüten des Lotos setzt sich diese Symbolik fort. Der Lotos kann auch in unserem eigenen Inneren blühen und uns befähigen, Leiden zu überwinden. Wenn wir spirituell erblühen, strömt unser Herz vor Liebe und Mitgefühl über – zart wie die Blütenblätter der Lotosblume, stark wie die Lebenskraft selbst.

3 Nun schauen Sie sich das Hexagramm in der Mitte an. Die ineinander verschlungenen Dreiecke stehen für die Dualismen unserer Existenz. Um unser reines Herz ganz öffnen zu können, müssen wir die einander ergänzenden Aspekte unseres Lebens ins Gleichgewicht bringen – das männliche und weibliche Prinzip, Licht und Schatten, Körper und Geist, Praxissinn und Spiritualität.

“*Das Herz ist der Ort, an dem wir im reinen Licht und im reinen Bewusstsein ruhen können.*”

ABHINAVAGUPTA (UM 975–1025)

16

Sonnenlotos

DEN MITTELPUNKT DIESES MANDALAS BILDET EINE SPIRALE, VON DER SONNENSTRAHLEN AUSGEHEN. SIE WIRD VON EINER LOTOSBLÜTE UMSCHLOSSEN; DIESE BLÜTE STEHT FÜR DIE SCHÖNHEIT, DIE SICH AUS DEM SCHLAMM ERHEBT, GENAU WIE UNSERE SEELE VON VERWIRRUNG ZU ERLEUCHTUNG GELANGT.

1 Betrachten Sie zunächst die äußere Kreislinie, die für Vollkommenheit steht, und dann den Lotos, ein Symbol möglicher Vollkommenheit.

2 Nun wenden Sie Ihre Aufmerksamkeit dem Mittelpunkt des Mandalas zu. Die Spirale könnte für die Reise des Meditierenden in sein eigenes Ich stehen, aber auch für den elementaren Energiestrom, der unsere Welt zu dem macht, was sie ist.

3 Achten Sie darauf, wie diese verschiedenen Elemente auf Sie wirken: die Vollkommenheit (äußerer Kreis), die Sie in Ihrem Inneren finden können, wenn Sie reinen Herzens sind; das Erblühen der Spiritualität aus dem Schlamm der Inkarnation (Lotos); und die Energie der Sonne (Spirale), die unsere irdische Existenz antreibt.

4 Lassen Sie diese Elemente in Ihrem Bewusstsein miteinander verschmelzen und finden Sie zu friedvoller Selbsterkenntnis.

„Ohne Selbsterkenntnis sind wir wie Sonnenuhren im Schatten."

MODERNER MEDITATIONSTEXT AUS ROM

17 Harmonie der Natur

KONZENTRISCHE KREISE MACHEN DIESES MANDALA, DAS MIT SEINEN SCHÖNEN LEBENS-UND ERDFORMEN AUF DER ORDNUNG DES UNIVERSUMS BASIERT, ZU EINEM SYMBOL SPIRITUELLER REINHEIT. DAS LOTOSMOTIV AM ÄUSSEREN KREIS BETONT DIESE SPIRITUELLE DIMENSION.

1 Betrachten Sie den Himmel und die Himmelskörper in den Ecken des Mandalas. Dann lassen Sie Ihren Blick durch die Lotosmotive nach innen wandern. Der Bereich der Berge und Wolken steht für Sie selbst.

2 Bewegen Sie sich nun durch den nächsten Kreis hindurch in das Grün der Natur mit ihren Pflanzen, Vögeln und Insekten. Das ist der Garten Eden, das Paradies der Natur.

3 Schließlich dringen Sie ins geheimnisvolle Zentrum des Mandalas ein, das sein göttliches Schöpfertum durch Elemente der Natur zum Ausdruck bringt. Stellen Sie sich den innersten Kreis als Querschnitt eines Lichtstrahls vor, der in Ihr tiefstes Inneres eindringt, um Ihre Seele zu erwecken.

„Alle Dinge teilen denselben Atem – Tier, Baum und Mensch. Die Luft schenkt ihre Seele allem Leben."

HÄUPTLING SEATTLE (1786–1866)

18

Kraniche in den Wolken

IN JAPAN SIND KRANICHE EIN GLÜCKSSYMBOL. WOLKEN STEHEN FÜR DIE ZUFÄLLIGEN EREIGNISSE, DIE VORÜBERGEHEND IHRE SCHATTEN AUF UNSER LEBEN WERFEN. DIESE MEDITATION VERBINDET BEIDE SYMBOLE MITEINANDER.

1 Machen Sie sich die Hauptelemente des Mandalas bewusst: die fliegenden Kraniche, den blauen Himmel und die Wolken, hinter welchen die Vögel teilweise verschwinden.

2 Nun lassen Sie die Details vor Ihrem geistigen Auge verschwimmen, sodass Sie nur noch leeren blauen Himmel sehen.

3 Stellen Sie sich vor, wie Wolken durch Ihr Bewusstsein schweben und ein zufälliges Muster am Himmel bilden. Dann visualisieren Sie eine Kranichschar, die über den Himmel fliegt und zwischendurch immer wieder hinter den Wolken verschwindet. Jeder Kranich bringt Segen in Ihr Leben. Manche fliegen direkt durch die Wolken hindurch – wie eine riskante Situation, die glücklich endet. Seien Sie dankbar für dieses Glück.

Glück klopft an das Tor,
das ihm entgegenlächelt.

JAPANISCHES SPRICHWORT

19

Der Flötenspieler

DER PERSISCHE DICHTER RUMI DRÜCKTE IM SYMBOL DES FLÖTENSPIELERS UNSERE SEHNSUCHT NACH VEREINIGUNG MIT DEM GEIST AUS. DIE FLÖTE SEHNT SICH NACH IHREM URSPRUNG ZURÜCK – DEM SCHILFGRAS, AUS DEM SIE GESCHNITZT WURDE.

1 Betrachten Sie den Flötenspieler bei Sonnenuntergang – im Hintergrund das Schilfgras, aus dem die Flöte geschnitzt wurde. Stellen Sie sich vor, dass Musik, Flöte und Spieler eins sind und alle drei den göttlichen Ruf hören.

2 Erkennen Sie in der Musik des Flötenspielers einen stummen Ausdruck seines Unbewussten – ein Erblühen der Seele in ihrer Reinheit.

3 Nun wenden Sie sich den anderen Lebensformen in diesem Mandala zu – den Seerosen und Fischen. Stellen Sie sich vor, dass auch sie sich nach Einheit sehnen: Das ganze Universum ist eins.

„Reine Seele, wie weit willst du noch reisen? Du bist der Falke des Königs. Folge seinem Pfeifton und kehre zurück!“

DJALAL OD-DIN RUMI (1207–1273)

20 Yin-Yang

DAS URALTE TAI-CHI ODER YIN-YANG-SYMBOL IM MITTELPUNKT DIESES MANDALAS STEHT FÜR DAS GLEICHGEWICHT ZWISCHEN DEN EINANDER ERGÄNZENDEN GEGENSÄTZEN, DIE UNSERE WELT AUSMACHEN.

1 Betrachten Sie die Blumen und die anderen Motive. Lassen Sie den Kontrast zwischen Quadraten (Welt der Materie) und Kreisen (Ewigkeit) auf sich wirken.

2 Nun konzentrieren Sie sich auf das Yin-Yang-Symbol in der Mitte: Jedes der beiden Elemente trägt bereits die Anlage zu seinem Gegenteil in sich. Das gilt auch für die ausgewogenen Gegensätze in Ihrem eigenen Inneren: Männlich/Weiblich, Aktivität/Ruhe, Erkenntnis/Mitgefühl, Außen/Innen usw.

3 Die kleineren Yin-Yang-Symbole liegen zwischen dem Quadrat und dem äußeren Kreis und berühren sie jeweils. Erkennen Sie in diesen Symbolen die Atome, aus denen alles besteht – den Stoff, aus dem wir existieren.

4 Sehen Sie in diesem reich verzierten Mandala das Universum und zugleich die einzelne Zelle – denn das Leben steht für beides.

„Aus Ton brennt man einen Topf.
Der Nutzen des Topfes besteht in seiner Leere."

TAO-TE CHING (4. ODER 3. JAHRHUNDERT V. CHR.)

21

Die Blüte des Selbst

IN DIESEM MANDALA KÖNNEN SIE SICH VERLIEREN UND WIEDERFINDEN. ES STEHT FÜR DAS ERBLÜHEN DER SELBSTERKENNTNIS, DAS EWIGE SELBST IN VOLLER BLÜTE – JENE UNWANDELBARE ESSENZ, DIE DER EWIGEN WIEDERHOLUNG UNSERER TAGE, MONATE UND JAHRE ZUGRUNDE LIEGT.

1 Verfolgen Sie mit den Augen die grünen, welligen Triebe rund um die Blüte. Das sind Energielinien: Jede Linie ist eine Welle des Werdens, die eine Blüte des Seins enthüllt. Die Bienen sind ständig in Bewegung; ihre Flügel flattern so schnell, dass sie vor unseren Augen verschwimmen.

2 Nun wenden Sie Ihre Aufmerksamkeit der Blüte in der Mitte zu. Nehmen Sie die Schönheit ihrer vielen Blütenblätter in sich auf – als stummes Abbild Ihres eigenen vielschichtigen Selbst, der Blüte des Seins, die über alles Werden hinausgeht.

3 Auf den Blütenblättern sitzen zwei Bienen. Aber Sie wischen sie nicht weg: Sie lassen sie ihren flüchtigen Aufenthalt auf der wunderbaren Blume des Geistes auskosten – genau wie wir unsere irdische Existenz genießen.

„Die Wahrheit liegt in dir.
Um sie zu sehen, musst du deine inneren Augen öffnen."

BUDDHA (UM 563–483)

22 Der Stern im Brunnen

WENN WIR TIEF IN UNS HINEINSCHAUEN, ERKENNEN WIR UNSERE GRÖSSTEN REICHTÜMER, DIE WIE EIN STERN IM BRUNNEN SIND: UNGREIFBAR, ABER DENNOCH VORHANDEN. DIESER STERN GIBT UNS NICHTS UND DOCH ALLES. ER IST DAS ZIEL ALL UNSERES SUCHENS.

1 Erkennen Sie die verschiedenen Ebenen dieses Mandalas: die äußere Welt der Natur, die Einfassung aus Pflastersteinen, das darin eingebettete Quadrat und schließlich den tiefen Schacht des Brunnens.

2 Der Stern, der sich im Wasser des Brunnens widerspiegelt, leuchtet hell – trotz der Entfernung und der Dunkelheit.

3 Stellen Sie sich vor, in die innersten Tiefen Ihrer eigenen Seele hineinzublicken. Je tiefer Sie in Ihr Inneres vordringen, umso heller erstrahlen Sie. Ihr Stern ist schön und einmalig und kann niemals ausgelöscht werden.

„Der einzige Zweck der menschlichen Existenz besteht darin, ein Licht in der Dunkelheit des bloßen Seins anzuzünden."

JULIAN VON NORWICH (UM 1342–1416)

23 Der Lachs des inneren Wissens

WEGEN SEINER FÄHIGKEIT, OZEANE ZU DURCHQUEREN UND MIT UNFEHLBARER SICHERHEIT SEINE LAICHPLÄTZE ZU FINDEN, SCHRIEBEN DIE KELTEN DEM LACHS PROPHETISCHE GABEN ZU. DURCH DIESE MEDITATION KOMMEN SIE IHRER INTUITIVEN WEISHEIT NÄHER.

1 Sie sitzen in den Zweigen eines Baumes und schauen auf einen runden Teich hinab, in dem zwei Lachse schwimmen. Sie sehen auch das Laub der Bäume und die schöne Lage des Teichs. Auf der Wasseroberfläche schwimmen kleine Haselnüsse: Auch sie symbolisieren prophetische Erkenntnis.

2 Betrachten Sie den Lachs als lebendes Yin-Yang-Symbol: der eine männlich, der andere weiblich. Akzeptieren Sie das Männliche und das Weibliche in sich, denn beide zusammen schenken Ihnen die Gabe der Erkenntnis.

3 Nehmen Sie dieses Bild in Ihr Bewusstsein auf. Spüren Sie die Tiefe Ihrer Intuition. Der Verstand kann nur die Fische und Haselnüsse zählen und die Ränder des Teichs verzieren; Ihre Intuition kann in das tiefste Innere vordringen, wo Liebe und Wahrheit sind.

„Lass deinen Haken immer ausgeworfen; im Teich werden dort Fische sein, wo du sie am wenigsten erwartest."

OVID (43 V. CHR.–17 N. CHR.)

24 Edelsteine

IN DER ANTIKE SAH MAN IN EDELSTEINEN GÖTTLICHE KRÄFTE, DIE LICHT AUS DER DUNKLEN ERDE HERVORZAUBERTEN. IM ÖSTLICHEN DENKEN STANDEN EDELSTEINE FÜR SPIRITUELLE ERLEUCHTUNG. AUCH IN DIESEM EDELSTEINBESETZTEN MANDALA IST DAS YIN-YANG-SYMBOL ENTHALTEN.

1 Betrachten Sie die verschiedenfarbigen Edelsteine. Diamanten stehen für Glanz und innere Einheit, Rubine für Liebe und Mut, Perlen für Intuition und weibliche Weisheit, Saphire für Frieden und Harmonie.

2 Erkennen Sie in den kunstvollen Fassungen der Edelsteinschliffe ein Symbol für die komplexe, wunderbare Ordnung des Universums, erleuchtet vom strahlenden Licht des Geistes.

3 Und nun wenden Sie Ihren Blick dem Yin-Yang-Symbol zu – dem schöpferischen Zusammenspiel der Gegensätze, das unserer Existenz zugrunde liegt. Der Geist schmückt unseren Körper und wächst gleichzeitig über ihn hinaus, so wie die Edelsteine die Gegensätze von Männlich und Weiblich, Hell und Dunkel, Handeln und Fühlen überwinden.

„Zu wissen, was genug ist, ist Reichtum."

TAO-TE CHING (4. ODER 3. JAHRHUNDERT V. CHR.)

25 Güte

MIT DIESEM VON TIBETISCHEN VORBILDERN INSPIRIERTEN MANDALA KÖNNEN SIE IHR BEWUSSTSEIN MIT POSITIVEN GEFÜHLEN FÜR ANDERE MENSCHEN ERFÜLLEN – NICHT NUR FÜR FREUNDE UND ANGEHÖRIGE, SONDERN AUCH FÜR BLOSSE BEKANNTE, JA SOGAR FÜR FREMDE.

1 Stellen Sie sich vor, dass im Mittelpunkt des Mandalas ein Mensch sitzt, den Sie lieben. Denken Sie über die Eigenschaften nach, die Sie an diesem Menschen so bewundern. Hüllen Sie ihn in Gedanken mit Ihrer Liebe ein.

2 Denken Sie über die vier Symbole in den T-Formen nach: Taube (Frieden), Hände (Wärme), Feuer (Reinheit) und Auge (Einfühlungsvermögen). Erkennen Sie all diese Elemente in Ihrer eigenen Liebe.

3 Stellen Sie sich in einigen Nischen des Mandalas Ihre Familie und Ihre Freunde vor, weiter hinten flüchtige Bekannte und Fremde.

4 Spüren Sie, wie Ihre Liebe in der Gestalt in der Mitte aufsteigt, endlos nach außen strömt und allen Menschen Kraft gibt. Die Fremden empfangen die gleiche Liebe von Ihnen wie Ihre Angehörigen – denn diese Liebe wird durch Entfernung nicht geringer.

“*Meditiere über die Liebe, damit du dir das Wohlergehen aller Menschen wünschst – selbst deiner Feinde.*”

BUDDHA (UM 563–483)

26 Spielende Delfine

DER DELFIN IST VERSPIELT UND KOMMUNIKATIV. INSTINKTIV GENIESST ER JEDEN AUGENBLICK. IN DIESEM MANDALA IST DAS DELFINSYMBOL MIT BILDERN DES OZEANS – DEM URSPRUNG ALLEN LEBENS – KOMBINIERT.

1 Betrachten Sie die schwimmenden Delfine in der Mitte des Mandalas und die beiden Delfine außen herum, die akrobatische Kunststücke vollführen. Ihre Fähigkeit, sich von ihrem Element, dem Wasser, zu lösen und in einem anderen Element, in der Luft, zu tanzen, steht für unsere eigene Möglichkeit der Selbstbefreiung, sobald wir geistige Kraft erworben haben.

2 Der Kreis, den die beiden Delfine in ihrem Freudentanz bilden, symbolisiert spirituelle Vollkommenheit und zugleich den endlosen Kreislauf des Lebens.

3 Halten Sie sich die Weite des Ozeans und die unendliche Ausdehnung des Himmels vor Augen. Nehmen Sie dieses Mandala – und damit auch die Harmonie des Universums – in Ihr Bewusstsein auf. Unsere Existenzen sind funkelnde Wassertropfen im strahlenden Ozean des Seins.

„Anmut ist Schwerkraft, die spielen gelernt hat."

MODERNER MEDITATIONSTEXT AUS LOS ANGELES

27 Der Wassergarten

EIN GARTEN IST DAS UNIVERSALE SYMBOL DER HARMONIE IN DER NATUR – UND IN DER MENSCHLICHEN SEELE, DIE GENAU WIE EIN GARTEN MIT SICH SELBST IM EINKLANG STEHEN MUSS, UM FRIEDEN ZU FINDEN.

1 Die Leben spendende Kraft des Wassers, symbolisiert im ewigen Spiel des Springbrunnens, erhält die Fische am Leben, so wie Liebe unsere Seele am Leben erhält.

2 Die Umrandung des Teichs besteht aus unebenen Steinblöcken, die perfekt ineinanderpassen – ein Symbol dafür, was bedingungslose Liebe mit ihrer Toleranz gegenüber allen Unzulänglichkeiten bewirken kann.

3 Sie können sich nicht gleichzeitig auf alle vier Bäume konzentrieren, die außerhalb des Gartens wachsen; aber Sie können sie im Randbereich Ihres Bewusstseins halten, so wie Liebe alles umfassen kann. Betrachten Sie die Liebe als Nährboden, Regen und Wurzeln unserer Existenz.

„Du bist ein Ozean an Wissen, in einem Tautropfen verborgen."

DJALAL OD-DIN RUMI (1207–1273)

28 Die Jakobsleiter

IM BUCH GENESIS TRÄUMT JAKOB VON ENGELN, DIE AUF EINER LEITER ZWISCHEN HIMMEL UND ERDE HINAUF- UND HINABSTEIGEN. SELBST IN UNSERER PHYSISCHEN EXISTENZ KÖNNEN WIR ZEICHEN DES GÖTTLICHEN ENTDECKEN – SOLANGE WIR OFFEN FÜR DIE LIEBE SIND.

1 Betrachten Sie zunächst die Stadt. Ihre Bewohner sind völlig mit ihren weltlichen Angelegenheiten beschäftigt. Nur wenige bemerken die Leiter, die zum Himmel führt: Sie existiert auf einer anderen Ebene als unsere Alltagswelt.

2 Nun richten Sie den Blick zum Himmel. Seine Tore liegen in Ihrem eigenen Inneren – genau wie das Mandala nach dieser Meditation ein Teil Ihres Bewusstseins sein wird.

3 Beobachten Sie, wie die Engel zwischen Himmel und Erde hinauf- und hinabsteigen. Ihre Liebe zum Göttlichen und die Liebe des Göttlichen zu ihnen verleiht ihnen Flügel. Betrachten Sie die Engel als Boten, die Ihnen den Weg zeigen.

4 Zuletzt denken Sie über die Reise nach, die vor Ihnen liegt: die Leiter hinauf und in die spirituelle Welt hinein. Die Engel werden Ihnen helfen. Liebe wird Ihnen die Energie dazu geben.

“*Vergesst die Gastfreundschaft nicht; denn durch sie haben einige, ohne es zu ahnen, Engel beherbergt.*”

BIBEL, BRIEF AN DIE HEBRÄER, 13:2

29

Innere Wandlungen

SCHMETTERLINGE STEHEN FÜR WANDLUNG – FÜR UNSER INNERES ERWACHEN VON DER HERRSCHAFT DES EGOS ZU REIFER SELBSTERKENNTNIS. DURCH LIEBE KÖNNEN WIR UNSERE ENERGIE SOWOHL ZUR INNEREN WAHRHEIT ALS AUCH ZUM ÄUSSEREN MITGEFÜHL WENDEN.

1 Wählen Sie einen der Schmetterlinge aus und verfolgen Sie seinen Lebenszyklus in Gedanken zurück: vom Schmetterling zur Puppe, von der Puppe zur Raupe und schließlich zum Ei.

2 Nun konzentrieren Sie sich auf die Raupe in der Mitte des Mandalas und auf die Möglichkeit der tief greifenden Wandlung, die sie in sich birgt.

3 Zuletzt stellen Sie sich diese Wandlungsmöglichkeit in jenem Teil Ihrer selbst vor, der das Bild des Mandalas in sich aufnimmt. Spüren Sie, dass Sie fähig sind, unendlich viel Liebe zu geben und zu empfangen, und genießen Sie die Wohltaten, die diese Liebe Ihnen bringt.

In unserem eigenen Inneren sind alle Dinge vollständig.

MENCIUS (UM 390–305)

30 Die Friedenstaube

DIE TAUBE IST DAS SPIRITUELLSTE VOGELSYMBOL, DAS ES GIBT. SIE IST NICHT NUR EIN UNIVERSALES SYMBOL FÜR FRIEDEN UND VERSÖHNUNG, SONDERN STEHT AUCH FÜR DIE GELÄUTERTE SEELE ODER – IN CHRISTLICHEN BEGRIFFEN AUSGEDRÜCKT – FÜR DEN HEILIGEN GEIST.

1 Das endlose und doch unruhige Muster im äußeren Kreis des Mandalas (der für Vollkommenheit steht) ist ein Symbol irdischer Energien. Das Regenbogenmuster im Inneren ist eine schöne Manifestation des Leben spendenden Geistes der Sonne.

2 Die Taube mit dem Olivenzweig steht für Erlösung. Sie hat sich aus reinem Geist materialisiert, genau wie Ihre eigenen Empfindungen der Liebe und des inneren Friedens. Betrachten Sie den Vogel wie durch ein Fernrohr. Im Hintergrund liegt die Ewigkeit.

3 Nehmen Sie diese Taube in Ihr Bewusstsein auf und entspannen Sie sich in dem Wissen, dass sie genau dorthin gehört. Heißen Sie den Vogel und seine Friedensbotschaft in Ihrem Inneren willkommen.

„Frieden bringt Liebe, und Liebe bringt Frieden. Die vollkommene Form ist der Kreis."

MODERNER MEDITATIONSTEXT AUS SYDNEY

31

Avalokiteshvara

SO HEISST IM TANTRISCHEN BUDDHISMUS DER BODHISATTVA, DAS ERLEUCHTUNGSWESEN DES ERBARMENS, EIN SYMBOL AUFOPFERNDER LIEBE: ER VERZICHTET DARAUF, INS NIRWANA EINZUGEHEN, SOLANGE NICHT AUCH ALLE ANDEREN WESEN ERLÖST SIND.

1 Jede Darstellung von Avalokiteshvara weckt tiefe Bewunderung in uns. Spüren Sie die Energie seiner Güte, durch welche dieses eindimensionale Gemälde eine harmonische, von tiefer Güte erfüllte Aura erhält.

2 Der Bodhisattva thront im Lotossitz auf einer Lotosblüte. Machen Sie sich die Vollkommenheit dieser Umgebung bewusst.

3 Zwei seiner Hände drücken Hingabe aus, in den beiden anderen hält er einen Rosenkranz und eine Lotosblüte. Am Rosenkranz kann er die Wiederholungen seines Mantras Om Mani Padme Hum abzählen, das alle Lebewesen von Leiden befreit. Er ist schwerelos wie ein Spiegelbild und befindet sich jenseits aller Vorstellungen – auch jenseits der Idee, dass er nur in einer anderen Dimension existiert. Meditieren Sie, und Sie werden ihn in Ihrem eigenen Inneren finden.

„Kein noch so kleiner Akt der Güte ist jemals vergeblich.“

AESOP (620–560)

Die Traumflagge

32

EIN TIBETISCHER MEDITATIONSMEISTER SAH IM TRAUM EINMAL EINE DOPPELT AUFGEROLLTE FLAGGE UND PROPHEZEITE: ÜBERALL, WO DIESE FAHNE WEHT, WIRD BUDDHAS MITGEFÜHL SICH AUSBREITEN. DIE MEDITATION AUF DIESES MANDALA BRINGT ERLEUCHTUNG.

1 Betrachten Sie die Farben der Fahne in der Mitte des Mandalas. Die Farbe Blau (Himmel) bedeutet spirituelle Erkenntnis, Gelb (Erde) steht für unsere physische Welt. Achten Sie darauf, wie Blau und Gelb, Körper und Geist, voneinander abhängig sind.

2 Nun betrachten Sie das Blau als Symbol für Weisheit und das Gelb als Symbol für Mitgefühl – zwei einander ergänzende Aspekte spiritueller Selbstverwirklichung. Das kunstvoll verschlungene Muster zeigt, wie untrennbar diese beiden Eigenschaften miteinander verbunden sind.

3 Stellen Sie sich vor, dass die sanft im Wind flatternde Traumflagge Weisheit und Mitgefühl in sich vereint.

Alles, was wir lernen müssen,
lernen wir durch Tun.

ARISTOTELES (384–322)

33

Die Rose reiner Liebe

DEM ROSENKREUZ VERDANKT DER MYSTISCHE ORDEN DER ROSENKREUZER SEINEN NAMEN. DAS KREUZ STEHT FÜR DIE VIER HIMMELSRICHTUNGEN; DIE ROSE SYMBOLISIERT REINE LIEBE UND AUFOPFERUNG.

1 Betrachten Sie das Kreuz, das den Geist in der physischen Welt inkarniert – ein so ausdrucksstarkes Symbol, dass wir uns seinen Mittelpunkt hinter der Rose leicht vorstellen können. Es stützt die Rose, die in ihrem Erblühen über das Kreuz hinauswächst.

2 Nun schauen Sie sich die Blütenblätter der Rose an, die die Welt verschönern. Erkennen Sie darin die Entfaltung der Liebe in Ihrem eigenen Herzen.

3 Nehmen Sie dieses Mandala in Ihr Innerstes auf, wo die Rose selbstlose Liebe, Mitgefühl und spirituelles Bewusstsein offenbart.

„Die Botschaft des Herzens lässt sich nicht in Worte fassen."

MU-MON GENSEN (1322–1390)

34 Inseln

NIEMAND IST EINE INSEL: WIR SIND ALLE DURCH GEISTIGE BRÜCKEN MITEINANDER VERBUNDEN. DIESES MANDALA SETZT DIESE UNIVERSALE METAPHER IN EINE DARSTELLUNG DER REISE VON UNSEREM EIGENEN ICH ZU ANDEREN MENSCHEN UM.

1 Ausgangspunkt der Reise ist die Stadt. Denken Sie an die Millionen Einwohner, die alle ihre eigenen Lebensumstände, Träume und Sorgen haben – und Ihnen alle fremd sind.

2 Nun stellen Sie sich eine Gruppe einsamer Inseln vor, und auf jeder dieser Inseln Menschen, die aus der überfüllten Stadt geflüchtet sind. Sie stehen an verschiedenen Stellen ihrer Inseln, unfähig, miteinander in Kontakt zu treten.

3 Begeben Sie sich in Gedanken auf eine Reise zu diesen Inseln, um die Inselbewohner kraft Ihrer eigenen Liebe zur ganzen Menschheit in nachbarschaftlicher Liebe zusammenzuführen.

4 Schließlich lassen Sie das ganze Mandala in Ihrem Herzen erblühen. Jetzt schauen die Inselbewohner nicht mehr aufs Meer hinaus, sondern lächeln sich an.

„Es gibt nur eine Möglichkeit, einen Freund zu haben: Man muss selber ein Freund sein."

RALPH WALDO EMERSON (1803–1882)

35 Die Schneeflocke

DIE SCHÖNHEIT DER SCHNEEFLOCKE IST VERGÄNGLICH: KAUM HABEN WIR SIE BEWUNDERT, SCHON SCHMILZT SIE DAHIN. GENAUSO IST ES MIT DER WELT: UNSER LEBEN, UNSER LIEBEN SIND EINEM STÄNDIGEN WANDEL UNTERWORFEN. DOCH IM ZENTRUM RUHT DER UNWANDELBARE GEIST.

1 Betrachten Sie die Schneeflocke: eine von unendlich vielen und doch in sich vollkommen. Bewundern Sie ihre perfekte Symmetrie und halten Sie sich vor Augen, dass keine andere Schneeflocke im ganzen Universum genauso aussieht wie diese. Genießen Sie dieses alltägliche kleine Wunder.

2 Die Stärke dieser Schneeflocke erwächst aus ihrer einmaligen Schönheit. Sie ist vergänglich und doch makellos.

3 Und nun stellen Sie sich vor, dass die Schneeflocke gleich schmelzen wird. Sie betrachten sie in einem flüchtigen Augenblick ihres Seins, von der flüchtigen Perspektive Ihres eigenen Lebens aus.

Das Schwache überwindet das Starke,
das Weiche überwindet das Harte.

TAO-TE CHING (4. ODER 3. JAHRHUNDERT V. CHR.)

36

Segeln im Sturm

DAS STÜRMISCHE MEER HAT SCHON VIELE SEELEUTE AUF EINE MUTPROBE GESTELLT. DIESES MANDALA ZEIGT EIN SCHIFF IN SEENOT. ENTDECKEN SIE DARIN IHRE EIGENEN MUTRESERVEN. BENUTZEN SIE ES ALS SPIRITUELLEN KOMPASS FÜR EINE SICHERE REISE.

1 Sie befinden sich in Sicherheit und betrachten ein Segelschiff in Seenot aus der Vogelperspektive. Das Schiff wird von riesigen Wellen hin und her geschleudert, der Blitz droht in seine Segel einzuschlagen, sintflutartiger Regen peitscht auf die Mannschaft ein.

2 Nun erfassen Sie das Mandala als Ganzes – seine Harmonie. Machen Sie sich klar, dass eine Welt, in der Schiffe in tosenden Stürmen untergehen können, trotzdem immer noch schön ist und dass Sie selbst in höchster Gefahr innere Ressourcen besitzen, die Ihnen Kraft geben.

3 Betrachten Sie die vier Kompasse, Ihre Navigationswerkzeuge: Vielleicht sind es Liebe, Glaube, Mitgefühl und eine innere Haltung der Akzeptanz.

4 Nun richten Sie den Blick wieder auf das Mandala als Ganzes – wie sich darin die Gesamtheit des Lebens mit all seinen Widersprüchen und Herausforderungen widerspiegelt.

„Nur das, was nicht bei einem Schiffbruch verloren gehen kann, gehört wirklich dir."

AL-GHAZZALI (1058–1111)

37 Das Schwert des Samurai

DAS SCHWERT IST EIN SYMBOL FÜR AUTORITÄT UND ENTSCHLOSSENHEIT. DIESES MANDALA ZEIGT EINE SCHWERTWACHE, UMGEBEN VON VIER SCHWERTERN UND SCHEIDEN. MEDITIEREN SIE DARAUF, WENN SIE VOR EINER VERÄNDERUNG ODER EINER MUTIGEN ENTSCHEIDUNG STEHEN.

1 Der Kreis in der Mitte mit dem Zierkreuz darin ist ein Symbol der Schöpfung, umgeben von spiritueller Vollkommenheit.

2 Die Schwerter stehen für eine Entscheidung: Sie können damit die Festigkeit Ihres Entschlusses prüfen. Stellen Sie sich die vier Schwerter und Scheiden als Skala vor, die von vielleicht über wahrscheinlich und bestimmt bis zu hundertprozentig sicher reicht. Können Sie diese Skala ohne Zögern durchlaufen?

3 Zuletzt beschließen Sie, so zu handeln, wie Sie es für richtig halten. Konzentrieren Sie Ihre Willenskraft darauf, das Zentrum des Mandalas zu durchschreiten. Die fließenden Ornamente rund um dieses Zentrum stehen für richtiges Handeln im Einklang mit den Gesetzen der Natur.

„Verwirrungen und Gefahren existieren nur in unserem Kopf."

DOGEN (1200–1253)

38

Das ewig Weibliche

DIESES MANDALA SYMBOLISIERT WEIBLICHE SPIRITUALITÄT, VON DEN SCHÜTZENDEN MAUERN DER KRAFT UND DES GESUNDEN MENSCHENVERSTANDS UMGEBEN. DIE YONI IN DER MITTE, DAS WEIBLICHE SCHÖPFERISCHE SYMBOL, WIRD LIEBEVOLL VOM LOTOS DER ERLEUCHTUNG UMSCHLOSSEN.

1 Das quadratische Grundstück, von Mauern mit doppelten Strebepfeilern umgeben, ist tief im Spirituellen verankert – mit der äußeren Kreislinie und der Lotosblüte, die beide für Reinheit stehen. Das Quadrat ist das Fundament, das uns erdet und dafür sorgt, dass wir den Kontakt zur ewigen Wahrheit nicht verlieren.

2 Öffnen Sie sich nun der Lotosblüte und lassen die Blüte gleichzeitig in Ihr eigenes Inneres gelangen. Bei dieser Meditation nehmen Sie alle Energien, das Wesen des ewigweiblichen schöpferischen Prinzips in sich auf, das uns in diese physische Welt hinein gebärt und uns die Gabe intuitiver Weisheit schenkt.

“*Denn eine Frau ist das unvergängliche Feld,
in dem das Ich geboren wird.*”

MAHABHARATA (UM 400 V. CHR.–200 N. CHR.)

39 Der Heilige Gral

FÜR DIE RITTER DER TAFELRUNDE STAND DER GRAL FÜR SELBSTERKENNTNIS, ERLÖSUNG, UNSTERBLICHKEIT. IN DIESEM MANDALA BILDET DER GRAL DEN MITTELPUNKT DER TAFELRUNDE, UMGEBEN VON DEN HELMEN DES KÖNIGS UND SECHS SEINER RITTER.

1 Nur der künftige König kann das Schwert aus dem Felsblock herausziehen. Wahre Meditation befreit das Schwert aus dem Stein, die physische Welt unterwirft sich der spirituellen.

2 Erkennen Sie im König ein Symbol Ihrer selbst. Die Ritter außen herum sind Ihre Eigenschaften. Eine Rüstung und magische Schilde beschützen Sie innerlich.

3 Fühlen Sie, dass Sie es wert sind, sich dem Gral zu nähern, der leer und doch gleichzeitig voller Liebe ist. Stellen Sie sich vor, wie Sie den Gral in den Händen halten und seine verwandelnde Kraft spüren.

*„Ich suchte nach Gott und fand nur mich selbst.
Ich suchte nach mir selbst und fand nur Gott."*

SPRUCHWEISHEIT DER SUFIS

40 Die Zähmung des Minotaurus

DER STIERÄHNLICHE MINOTAURUS, DER IN EINEM LABYRINTH AUF DER INSEL KRETA LEBTE, STEHT FÜR UNSERE INNEREN DÄMONEN – WELTLICHE BINDUNGEN, ÄNGSTE, UNZULÄNGLICHKEITEN IN DER LIEBE. DURCH MEDITATION KÖNNEN WIR DIESE UNGEHEUER ZÄHMEN.

1 Betrachten Sie den Minotaurus als Quelle negativer Energie, die Sie besiegen müssen. Sobald Sie den Irrgarten betreten, beginnen Sie einen roten Faden von einer Spule abzuwickeln: Das ist Ihre Verbindung zur Welt der Sicherheit - Ihr Wissen, dass der Minotaurus Ihnen niemals wirklich etwas anhaben kann.

2 Bahnen Sie sich Ihren Weg durch die vielen verschlungenen Gänge. Dabei dringen Sie immer weiter in die Tiefen Ihres eigenen Wesens ein.

3 Als Sie schließlich das Zentrum erreichen, stellen Sie fest, dass der Minotaurus ganz harmlos ist. Es erforderte anfangs nur Mut, der Wahrheit über sich selbst ins Auge zu sehen.

4 Nun nehmen Sie dieses Mandala als Symbol Ihres spirituellen Heldenmuts in sich auf.

„Wir verzagen nicht, weil die Dinge schwierig sind, sondern sie sind schwierig, weil wir verzagen."

SENECA (UM 4 V. CHR.–65 N. CHR.)

41

Keltische Drachen

DER FEUER SPEIENDE DRACHE IST STARK UND FURCHT ERREGEND. DOCH IN DIESEM MANDALA FLIESST DIE KRAFT DES DRACHEN IN DEN UNENDLICHEN KNOTEN SPIRITUELLER VOLLKOMMENHEIT EIN. ERDE UND GEIST VERSCHMELZEN IN KOSMISCHER HARMONIE.

1 Das Feuer, das die vier Drachen aus ihren Köpfen speien, ist die physische Energie der Natur, die sich in spirituelle Energie verwandeln lässt. Das Feuer bildet einen Kreis – sein spiritueller Charakter ist unendlich.

2 Nun betrachten Sie die Drachenkörper, die der Geist in einen endlosen Knoten ewiger Vollkommenheit verwandelt. Materie geht in Geist über, der sie reinigt und in allumfassende kosmische Harmonie einhüllt. So entsteht die »Perle von unschätzbarem Wert« in der Mitte des Mandalas.

3 Lassen Sie dieses Mandala zum Zentrum Ihres Bewusstseins werden und die beiden Gegensätze von Materie und Geist miteinander verschmelzen, um jene Ganzheit zu offenbaren, die Ihr wahres Wesen ist.

*„Akzeptiere alles, was geschieht,
und lasse deinen Geist frei umherwandern."*

CHUANG-TZU (UM 369–286)

42 Das Kirchenfenster

DIE SCHÖNHEIT EINES BUNTEN GLASFENSTERS IST EIN GESCHENK DES SONNENLICHTS – OHNE SONNE HÄTTEN SEINE BILDER KEIN LEBEN, GENAUSO WENIG WIE WIR. DIESES MANDALA VERBREITET DIE FRIEDLICHE STIMMUNG EINER KIRCHE UND ERFREUT SICH DES STRAHLENDEN SONNENSCHEINS.

1 Betrachten Sie die drei- und vierblättrigen Pflanzenmotive als Symbole der Natur – der unendlichen Formenvielfalt des Universums. Thema dieses Glasfensters ist die Harmonie der Natur, die sich in den Blättern, Blüten und Beeren widerspiegelt.

2 Nun nimmt das Muster vor Ihren Augen die Form eines Fensters an, das Sie von innen betrachten. Genießen Sie die handwerkliche Vollendung dieses Kunstwerks.

3 Schließlich stellen Sie sich vor, wie das Fenster von strahlendem Sonnenlicht erhellt wird. Alle Farben leuchten. Jetzt ist das Fenster ein vollendetes Symbol für die belebte Natur und zugleich für menschliche Kreativität, die von spiritueller Weisheit genährt wird. Nehmen Sie es tief in Ihr Bewusstsein auf und erkennen Sie, dass sich darin Ihr wahres Selbst widerspiegelt.

„Die Wahrheit und der Morgen kommen langsam ans Licht."

ÄTHIOPISCHES SPRICHWORT

43 Zeit und Universum

ÜBER DIE ZEIT NACHZUDENKEN, KANN UNS VERWIRREN, JA SOGAR ZUR VERZWEIFLUNG BRINGEN. DIE UHR ZU VERGESSEN UND DIE ZEIT EINFACH ALS EWIGEN STROM DES UNIVERSUMS ZU BETRACHTEN, IST EINE WOHLTUENDE, BERUHIGENDE MEDITATION.

1 Betrachten Sie die verschiedenen Elemente des Mandalas: Zeit als Strom, als unveränderlicher und doch ständig im Wandel begriffener Fluss; die Jahreszeiten; die Bewegungen von Erde, Sonne, Mond und Sternen; die vier Symbole Schmetterling (kurzlebiger als wir), Baum (langlebiger als wir), Spirale (unendliche Zeit) und Möbiusband (unendlicher Raum).

2 Halten Sie sich die Bedeutung dieser verschiedenen Elemente der Zeit vor Augen, die sich im großen Strom des Universums auflösen. Behalten Sie dabei aber gleichzeitig immer noch das Mandala im Blickfeld.

3 Spüren Sie, wie Sie in den großen Strom der Zeit eintreten und mit ihm verschmelzen: Der Fluss ist in Ihnen, und Sie sind in ihm. Das Mandala ist nur ein Wassertropfen – einer von unendlich vielen. Entspannen Sie sich in der Unendlichkeit von Zeit und Raum.

„Jeder Augenblick ist ein Nadelstich der Ewigkeit."

MARC AUREL (120–180)

44 Drachenenergie

DER DRACHE STEHT FÜR DAS PARADOXON DES SEINS – HELL UND DUNKEL, SCHÖPFUNG UND ZERSTÖRUNG, MÄNNLICH UND WEIBLICH – UND IST GLEICHZEITIG DIE EINENDE KRAFT HINTER DIESEN GEGENSÄTZEN. DAS FEUER DES DRACHEN IST DIE ELEMENTARE ENERGIE DER PHYSISCHEN WELT.

1 Betrachten Sie den siebenköpfigen Drachen und stellen Sie sich seine unbezwingbare Kraft vor. Folgen Sie dieser Kraft in den Flammenring. Im ganzen Universum gibt es nichts Ehrfurchtgebietenderes.

2 Die sieben Köpfe stehen für die mystische Zahl des Universums: die Summe der Zahl der Göttlichkeit (Drei) und der Zahl der Menschheit (Vier).

3 Zuletzt konzentrieren Sie sich auf den Knoten, den die Hälse der Drachen in der Mitte des Mandalas bilden: die Auflösung aller Widersprüche.

„Das Fantastische ist die Brücke zum Realen."

SPRUCHWEISHEIT DER SUFIS

45

Shri-Yantra

DIES IST EINE VEREINFACHTE VERSION DES HINDUISTISCHEN SHRI-YANTRA. DIE INEINANDER VERSCHLUNGENEN DREIECKE, DIE DIE ZEITLOSE SCHÖPFERISCHE KRAFT DES UNIVERSUMS DARSTELLEN, SIND VON EINER MYSTISCHEN SCHÖNHEIT.

1 Konzentrieren Sie sich zunächst auf die einander gegenüberliegenden Dreiecke in der Mitte des Mandalas. Sie stehen für das männliche und das weibliche Prinzip, aus deren Verschmelzung die Schöpfung entsteht.

2 Nun richten Sie Ihre Aufmerksamkeit auf die außen angeordneten geometrischen Motive. Betrachten Sie das Kreuz mit den gleich langen Balken, dessen Elemente für das erschaffene Universum stehen, und den Kreis, der spirituelle Vollkommenheit symbolisiert.

3 Zuletzt betrachten Sie den Mittelpunkt des Shri-Yantra (bindu), den Ursprung aller Schöpfung. Ihr eigenes Bewusstsein entfaltet sich ebenso wie alles andere im Universum – Vergangenheit, Gegenwart und Zukunft – aus dieser transzendenten schöpferischen Quelle.

„Mögen wir über das leuchtende Licht dessen meditieren, der anbetungswürdig ist!"

GAYATRI-VERS DER VEDEN (UM 5000 V. CHR.)

46

Das Wetter der Welt

DAS WETTER IST EIN SYMBOL STÄNDIGER VERÄNDERUNG. ES LEHRT UNS, ALLES SO ZU NEHMEN, WIE ES KOMMT: WENN ES UNS SCHWER FÄLLT, DAS WETTER ZU AKZEPTIEREN – UNABHÄNGIG VON UNSEREN PLÄNEN –, HABEN WIR AUF UNSERER SPIRITUELLEN REISE NOCH EINEN WEITEN WEG VOR UNS.

1 Betrachten Sie die Sonne in den vier Ecken des Mandalas. Sie ist immer da, treibt die Energien des Lebens an, selbst wenn sie hinter Wolken verborgen ist. Ebenso ändert das wechselhafte Schicksal nichts an unserer Identität und unserer Seele.

2 Nun konzentrieren Sie sich auf die Wolken, den Regen, die Regenbögen, den Schnee und das stürmische Meer. Jedes Wetter ist Teil eines sich selbst regulierenden globalen Systems, für das das Mandala als Ganzes steht.

3 Zuletzt richten Sie Ihren Blick auf den Mittelpunkt des Mandalas – den ruhigen, unbewegten Ursprung jener endlosen Energieströme, die das Wetter und alle anderen Veränderungen im Universum erzeugen. Das ist die Energie, aus der wir bestehen. Nehmen Sie das Mandala tief in Ihr Bewusstsein auf, wo diese Energie ihr stilles Zentrum findet.

Liebe ist der Wind, die Gezeiten,
die Wellen, der Sonnenschein.

HENRY DAVID THOREAU (1817–1862)

47 Ursache und Wirkung

ES HEISST, WENN EIN SCHMETTERLING IN JAPAN MIT DEN FLÜGELN SCHLÄGT, BRAUT SICH IN LOUISIANA EIN HURRIKAN ZUSAMMEN. WER BEGREIFT, DASS ALLE EREIGNISSE AUF DER WELT MITEINANDER ZUSAMMENHÄNGEN, DEM WIRD AUCH KLAR, DASS WIR ALLE VERANTWORTUNGSBEWUSST HANDELN SOLLTEN.

1 Betrachten Sie die drei miteinander verbundenen Zahnräder – ein offenkundiges Symbol für das Prinzip von Ursache und Wirkung.

2 Nun schauen Sie sich den Schmetterling an, der symbolisch mit den Flügeln schlägt, um auf der anderen Seite der Welt einen Sturm zu erzeugen – eine Ursache, die nicht sichtbare Wirkungen nach sich zieht. Solche verborgenen Zusammenhänge ziehen sich durch unsere gesamte Existenz.

3 Nun konzentrieren Sie sich auf das Mandala als Einheit: Hinter seiner asymmetrischen Form rund um ein Rad in der Mitte verbirgt sich die Harmonie des Universums. Ebenso verbergen Unausgewogenheiten in unserem eigenen Leben die harmonische Einheit des Geistes.

4 Zuletzt betrachten Sie die Nabe des mittleren Rades und machen Sie sich bewusst, dass sich alles Leben um ein ruhendes Zentrum dreht.

„Durch das nahe Liegende begreift man das weit Entfernte."

HSUN-TZU (UM 300–238)

48

Der unendliche Knoten

DIESER KNOTEN IST EIN BEKANNTES KELTISCHES SYMBOL; ENTSPRECHUNGEN DAZU FINDET MAN ABER AUCH IN DER HINDUISTISCHEN, BUDDHISTISCHEN UND CHINESISCHEN TRADITION. ER STEHT FÜR DIE UNENDLICHKEIT, DEN ENDLOSEN STROM VON ZEIT UND BEWEGUNG UND FÜR DIE REISE DES PILGERS.

1 Betrachten Sie den unendlichen Knoten – den kunstvoll in sich verschlungenen Faden, der keinen Anfang hat – und erkennen Sie darin einen transzendenten Zustand, der über unsere materielle Welt hinausgeht. Verfolgen Sie den Faden mit den Augen, um sich davon zu überzeugen, dass er auch kein Ende hat.

2 Nun konzentrieren Sie sich auf das Kreuz im Kreis – ein Symbol für das Physische (Kreuz), das mit dem Spirituellen (Kreis) verschmolzen ist.

3 Und jetzt nehmen Sie diese beiden Bilder – das Kreuz im Kreis und den unendlichen Knoten – als Ausdruck der ewigen Wahrheit der Existenz in Ihr Bewusstsein auf: Alles, was existiert, ist an die Zeit gebunden und ruht doch zeitlos im göttlichen oder ewigen Geist. Entspannen Sie sich in dieser Zeitlosigkeit.

„Ende und Anfang des Seins sind unbekannt. Wir sehen nur die Form dazwischen. Welchen Grund gibt es also für Kummer?"

BHAGAVAD GITA (UM 500 V. CHR.)

49 Das Himmelsgewölbe

DIE KUPPEL EINES TEMPELS ODER EINER KIRCHE ERINNERT, VON UNTEN BETRACHTET, OFT AN EIN MANDALA – EIN MUSTER AUS FENSTERBÖGEN UND SICH KREUZENDEN DACHBALKEN. SO ERÖFFNET SICH UNS DER BLICK IN DEN HIMMEL.

1 Hauptelement dieses Mandalas ist der Blick nach oben in eine kunstvoll verzierte Kuppel. Die dreidimensionale Geometrie ist komplex; versuchen Sie nicht, jedes einzelne Element zu entschlüsseln, sondern betrachten Sie einfach nur die Grundarchitektur und die vier dekorativen Blumenmotive.

2 Stellen Sie sich vor, wie Sonnenlicht durch die Fenster der Kuppel dringt und sie zum Leben erweckt, so wie sie alle Geschöpfe auf dieser Erde belebt.

3 Dann betrachten Sie das Bild wieder als zweidimensionales Muster und nehmen Sie es tief in Ihr Bewusstsein auf. Ihr innerer Blick ruht jetzt auf dem Himmel und dem lebensbejahenden Licht des Göttlichen. Sie sind voll inneren Friedens und beten, ohne zu erbitten.

„Geometrie ist eine Abstraktion der Schönheit. Füge Licht hinzu, und diese Schönheit wird zu etwas Spirituellem."

MODERNER MEDITATIONSTEXT AUS SAN FRANCISCO

50

Die Pagode

DIE PAGODE VERLEIHT DEM JAPANISCHEN GARTEN EINE SPIRITUELLE DIMENSION: SIE STELLT UNSEREN AUFSTIEG ZUR HIMMLISCHEN GLÜCKSELIGKEIT DURCH DIE STUFEN DER ERLEUCHTUNG DAR. DAS MANDALA SYMBOLISIERT DAS GLEICHGEWICHT ZWISCHEN DER NATUR UND DEM WERK DES MENSCHEN.

1 Betrachten Sie die Pagode als mehrere aufeinander gebaute Tempel. Das ist der Triumph der Kunst über die Formlosigkeit – aber nicht, um uns Menschen auf ein Podest zu stellen, sondern um die vitale Kraft des Geistes zu bestätigen.

2 Die Pagode ist an den Seiten offen: In diesem Bauwerk begegnen sich Leere und Stabilität.

3 Nun richten Sie den Blick auf das spitze Dach der Pagode. Es ist ein Symbol des Geistes – der Krone der Schöpfung. Auf welcher Stufe Ihrer Reise Sie sich auch immer gerade befinden – Sie können Ihr Ziel deutlich erkennen. Alle Leitern, die Sie erklimmen werden, sind bereits da; Sie brauchen sie nur noch zu finden.

„Logik bringt uns von A nach B,
Erfindungskraft bringt uns überall hin."

ALBERT EINSTEIN (1879–1955)

51 Der Weltenbaum

SEINE WURZELN UMSPANNEN DIE ERDE, SEINE ZWEIGE REICHEN BIS IN DEN HIMMEL: DER WELTENBAUM SYMBOLISIERT UNSERE FÄHIGKEIT, ÜBER UNSEREN BESCHEIDENEN URSPRUNG IN DER DICHTEN WELT DER MATERIE HINAUSZUWACHSEN UND UNS ZU HIMMLISCHER GLÜCKSELIGKEIT AUFZUSCHWINGEN.

1 Der Weltenbaum ist so riesig, dass seine Krone Tag und Nacht überspannt. Seine Früchte stehen für all das Gute, das Gott uns schenkt – der Lohn für Tugenden wie Liebe, Mitgefühl, inneren Frieden und Selbsterkenntnis. Das Wissen um diesen Baum und seine Früchte ist ein ungeheures Privileg. Solange Sie dieses in Ihrem Herzen bewahren, werden Sie stets Ihre wahre Bestimmung erfüllen.

2 Erspüren Sie das Wesen des Weltenbaums, das durch seinen Stamm und seine Zweige emporsteigt. Lassen Sie sie durch die Bahnen Ihres Herzens und Ihrer Seele fließen. Diese Lebenskraft ist materiell und spirituell zugleich.

3 Wenn ein Zweig zu Boden fällt, bleibt der Baum trotzdem stehen. Ebenso währt auch Ihr spirituelles Wesen ewig, was auch immer Ihrem Körper zustoßen mag.

„Wenn der Wind des reinen Denkens durch seine Blätter rauscht, flüstert der Weltenbaum den Namen Gottes."

MODERNER MEDITATIONSTEXT AUS DEUTSCHLAND

52 Der Palast der Götter

TRADITIONELLE MANDALAS WURDEN HÄUFIG ALS DIAGRAMME DES PALASTS DER GÖTTER BETRACHTET. DIESE MODERNE VERSION ZEIGT EINEN PALASTGRUNDRISS UND SEITENANSICHTEN VON ACHT PAVILLONS. DER PALAST STEHT FÜR DAS UNIVERSUM UND DAS ICH ZUGLEICH.

1 Betreten Sie in Gedanken die heiligen Palastgärten, die von der äußeren Kreislinie umgrenzt werden. Hier befinden Sie sich außerhalb von Zeit und Raum. Der große Kreis und die kleineren Kreise im Inneren erzeugen eine spirituelle Atmosphäre.

2 Betrachten Sie die vier Pavillons in der Außenmauer des Palasts als Sphären von Erde, Luft, Feuer und Wasser. Das Mandala, das Universum und Ihr eigenes Ich beinhalten alle vier Elemente. Das fünfte Element – der Äther oder Geist – hat seinen eigenen Bereich ganz im Inneren des Mandalas. Betreten Sie dieses innerste Quadrat. Nun können Sie alle irdischen Hindernisse, dargestellt durch die konzentrischen quadratischen Mauern, überwinden und in der heiligen Quelle baden.

3 Diese Quelle fließt endlos in Ihrem Inneren; sie ist die von Gott gesegnete Lebenskraft, die Sie am Leben erhält und Ihnen unendlichen inneren Frieden bringt.

„Gott ist Bewusstsein, das das ganze belebte und unbelebte Universum durchdringt."

SHRI RAMAKRISHNA (1836–1886)

Literaturempfehlungen

Bucknell, R. und Kang, C. (Hrsg.): *The Meditative Way*, RoutledgeCurzon, 1997

Coogan, M. D.: *Weltreligionen. Das neue illustrierte Handbuch*, Frederking & Thaler, 2000

Eastcott, M. J.: *Silent Path*, Rider, London, 1989

Fontana, D.: *Das Leben atmen.* 52 Meditationen. Kreuz Verlag, 2004

Fontana, D.: *Einführung in die Zen-Meditation. Der Weg durch das torlose Tor*, Theseus, 2003

Fontana, D.: *Meditation*, Aurum in Kamphausen, 1995

Gawain, S.: *Stell dir vor. Kreativ visualisieren*, Rowohlt, 1986

Goleman, D.: *The Meditative Mind: The Varieties of Meditative Experience*, Jeremy P. Tarcher, 1996

Govinda, A.: *Creative Meditation and Multidimensional Consciousness*, Unwin, 1977

Hanson, V. (Hrsg.): *Approaches to Meditation*, Quest Books, 1973

LeShan, L.: *How to Meditate*, Little, Brown & Co., 1999

McDonald, K.: *Wege zur Meditation. Eine praktische Anleitung*, Diamant, 1994

Naranjo, C. und Ornstein, R. E.: *On the Psychology of Meditation*, Allen & Unwin, 1973

Smart, N.: *Dimensions of the Sacred: An Anatomy of the World's Beliefs*, HarperCollins, 1996

Steinbrecher, E. C.: *The Inner Guide Meditation*, Weiser Books, 1987

Tucci, G.: *The Theory and Practice of the Mandala*, Dover Publications, 2001

Wallace, B. A. et al.: *The Bridge of Quiescence*, Open Court Publishing Company, 1998

Wood, E.: *Concentration: An Approach to Meditation*, Quest Books, 1967

Register

Der Übersichtlichkeit wegen wurde dieses Register in zwei Kategorien unterteilt: Das erste Register bezieht sich auf Ideen und Konzepte, die in diesem Buch immer wieder erwähnt werden, das zweite listet besondere Symbole auf. Kursiv gesetzte Seitenzahlen beziehen sich auf Bildlegenden oder Fotos, **fett** gedruckte Seitenzahlen auf Symbole, die im Namen der Mandalas enthalten sind.

SYMBOLREGISTER

Bildnachweis

Der Verlag bedankt sich bei den nachfolgend aufgeführten Personen, Museen und Bildagenturen für die Genehmigung zum Abdruck ihres Bildmaterials. Wir haben uns bemüht, alle Copyright-Inhaber ausfindig zu machen. Sollte dennoch einer von ihnen hier versehentlich nicht genannt worden sein, bitten wir um Entschuldigung. Wir werden dies in künftigen Ausgaben dieses Buches korrigieren, sofern wir entsprechende Informationen erhalten. **Seite 8** Getty Images, London/Charles Krebs; **13** British Museum, London; **31** OSF/Photolibrary.com/Willian Gray; **41** British Museum, London; **51** Getty Images, London/Peter Samuels